文物保护利用与馆藏陈列展览

郭世华　著

北方文艺出版社

·哈尔滨·

图书在版编目（CIP）数据

文物保护利用与馆藏陈列展览 / 郭世华著. -- 哈尔滨 : 北方文艺出版社, 2024. 9. -- ISBN 978-7-5317-6432-8

Ⅰ. G26

中国国家版本馆CIP数据核字第20249KN446号

文物保护利用与馆藏陈列展览
WENWU BAOHU LIYONG YU GUANCANG CHENLIE ZHANLAN

作　　者／郭世华
责任编辑／富翔强　　　　　　　　　　封面设计／古　利

出版发行／北方文艺出版社　　　　　　邮　　编／150008
发行电话／（0451）86825533　　　　　经　　销／新华书店
地　　址／哈尔滨市南岗区宣庆小区 1 号楼　　网　　址／www.bfwy.com

印　　刷／三河市双升印务有限公司　　　开　　本／710mm×1000mm　1/16
字　　数／150千　　　　　　　　　　　印　　张／8.75
版　　次／2025年 1 月第1版　　　　　　印　　次／2025年 1 月第1次印刷

书　　号／ISBN 978-7-5317-6432-8　　　定　　价／78.00元

前　言

　　文物由人类创造或与人类活动相关，是先人留给后代的宝贵历史文化遗产，属于不可再生的文化遗产。文物是中华传统文化的载体和历史的见证，是人们精神生活的一部分重要内容。文物保护利用的重要性不言而喻，它旨在通过科学手段维护文物的历史价值与艺术风貌，使其在时间长河中得以延续。这不仅是技术的实践，更是对历史文化的尊重与传承。而馆藏陈列展览，则是将这些珍贵的文物以最具感染力和教育意义的方式呈现给公众，实现文化遗产的社会共享与教育功能。优秀的陈列展览设计，能够让文物"活"起来，讲述它们自己的故事，促进文化的传播与理解。综合而言，文物保护利用与馆藏陈列展览相辅相成，前者为后者提供了丰富的内容基础，后者则为前者赋予了新的生命与意义。二者共同构成了文化遗产保护与现代博物馆发展的重要篇章，展现了历史与当代的和谐对话，以及文化传承与创新的无限可能。

　　本书围绕"文物保护利用与馆藏陈列展览"这一核心议题，深入探讨文物从保护到利用，再到陈列展览的全过程。全书内容涵盖广泛，既有对文物基本概念、特点与价值的系统阐述，也有针对不同类型文物（如纸质、金属、陶瓷、漆器等）的具体保护策略与利用方法的详细分析。特别地，本书还专章讨论纺织品文物保护技术，以及丝织品文物在展示与保存中的最佳光照环境问题，体现对文物细致入微的关怀与科学保护的理念。最后，博物馆文物陈列的原则与方法作为本书的重点内容之一，旨在通过科学合理的陈列设计，让文物"活"起来，讲述它们自己的故事，实现文化遗产的社会共享与教育功能。

　　本书力求为读者提供一个全面、系统、深入的文物保护与利用，以及馆藏陈列展览的知识体系与实践指南。

　　本书的书写得到了许多专家学者的帮助和指导，在此表示诚挚的谢意。由于笔者水平有限，加之时间仓促，书中所涉及的内容难免有疏漏与不够严谨之处，希望各位读者多提宝贵意见，以待进一步修改，使之更加完善。

目　录

第一章　文物概述

文物，作为历史的见证者，承载着丰富的文化与历史信息。本章首先概述文物的概念和涵盖的范围，进而深入剖析文物的特点与其无可估量的价值。同时，还将探讨文物保护管理的核心内容和有效对策，为后续的文物保护工作奠定理论基础。

第一节　文物的概念和范围

一、文物的概念理解

文物，在国际上尚无一个被各国共同确认的统一的定义。本书认为文物是指在人类社会发展过程中，由人类创造及与人类活动有关的具有历史、艺术、科学和纪念价值的古代、近代乃至现代的物质文化遗存（如遗物、遗迹）的总称。

文物两字合用，在中国出现很早，但不同时代有着不同内涵，且称谓也不同。最早始见于《左传·桓公二年》："夫德，俭而有度，登降有数，文物以纪之，声明以发之；以临照百官，百官于是乎戒惧，而不敢易纪律。"其后，《后汉书·南匈奴传》有关于"制衣裳，备文物"的记载。这两则引文中的所谓"文物"系指当时的礼乐典章制度，与现代所指"文物"的含义有别。至唐代，从骆宾王诗云"文物俄迁谢，英灵有盛衰"及杜牧诗云"六朝文物草连空，天淡云闲今古同"，可知诗句中所指"文物"，其含义已接近于现代所指文物的含义，即指前代遗物。到北宋中叶（11 世纪），以青铜器、石刻为主要研究对象的金石学兴起，以后又逐渐扩大到研究其他各种古代器物，而把这些器物统称为"古器物"或"古物"。及明代和清初，则较普遍把"文物"称为"古董"。唐宋明清各代虽对文物的称谓不同，但含义基本相同。不过，在很多场合，古董、古玩系指书画、碑帖以外的古器物。

"中华民国"时期，称文物为古物，且古物的概念和内涵已较唐宋明清各代所称文物、古董、骨董、古玩广泛。如1930年国民政府颁布的《古物保存法》明确规定："本法所称古物是指与考古学、历史学、古生物学及其他与文化有关之一切古物而言。"至20世纪30年代中，"文物"一词又出现。如1935年北平市政府编辑出版的《旧都文物略》，同年又成立了专门负责研究、修整古代建筑的"北平文物整理委员会"。这表明当时的"文物"概念已包括了古建筑等不可移动的文物。

中华人民共和国建立后，由中央人民政府政务院以及后来的国务院、各省、市（直辖市）、自治区人民政府和文化部或国家文物局，各省、市、自治区文物管理委员会（或文管处）颁发的文物法令、法规、通知、条例等均沿用了"文物"一词。直到1982年全国人民代表大会常务委员会公布了《中华人民共和国文物保护法》，方把"文物"一词及其包括的内容用法律形式固定下来。其内涵实际上包括了可移动的和不可移动的一切历史文化遗存，在年代上已不仅限于古代，而是包括了近、现代，直到当代。可是进入90年代出版的一些有关文物的书籍，甚至有辞书的书名重用"古董""古玩"一类词。这类用词不当，会造成概念上的混乱。

世界其他国家对不同类别的文物，均各有其通常使用的名称，且尚无概括所有类别文物的统称。如欧洲在17世纪英文和法文中都使用Antique一词。此词来源，一说认为是源于拉丁文ante，原意是古代的、从前的；另一说则认为英文这个单词系直接来源于法文。开始作为名词使用时，主要是指古希腊、古罗马的文化遗物，后来才逐渐发展为泛指各时代的艺术品，其词义接近于中国所谓古物、古董。亚洲的日本，日文所说的"有形文化财"，虽近似中国所指的文物，但其含义和范围又不尽相同。非洲的埃及，所用阿拉伯文与中国所称文物的概念是基本相同的。1983年埃及颁布的《埃及文物保护法》规定，在埃及国土上出现的或与其历史有联系的，凡100年以前的，包括可移动的和不可移动的，具有历史意义和价值的实物，都属于文物。同时，还规定在100年以内的有价值的实物，可根据文化主管部门的建议指定为文物。

在国际上，由联合国教育科学文化组织（简称教科文组织）会议通过的一些有关保护文物的国际公约中，一般把文物称为"文化财产"或者"文化遗产"，二者的内涵并非等同。

上述表明，迄至目前，世界各国对文物的称谓仍不一致，其内涵和范围也有所不同，尚未有被各国共同确认的文物定义。但对文物是指具体的物质遗存，应具备两个基本特征的认识已较一致，即：第一，必须是由人类创造的或是与人类活动相关的；第二，必须是已经成为历史的过去且不可能重新创造的。[①]

二、文物的范围

文物的范围广泛，几乎涵盖了人类活动的所有领域和方面。根据国际和国内的相关法律法规，以及学术界的共识，文物的范围大致可以分为以下几大类：

（一）可移动文物

可移动文物是指那些可以搬运、移动的文物，主要包括以下类别：

器物类：如陶器、瓷器、玉器、铜器、铁器、金银器等，这些器物往往反映了古代的生产技术、生活习俗和审美观念。

书画类：包括古代及近现代的书画作品，它们不仅是艺术的结晶，也是研究历史、文学、哲学等的重要资料。

文献档案类：如古籍、手稿、碑刻拓片、契约文书等，这类文物记录了丰富的历史信息，对于历史研究尤为重要。

其他艺术类：如雕塑、织绣、漆器、骨角牙器等，这些艺术品展现了人类在不同领域的创造力和艺术成就。

（二）不可移动文物

不可移动文物主要指那些固定于特定地点，无法或不宜移动的文物，包括以下类别：

遗址类：如古代城市遗址、村落遗址、宫殿遗址、宗教建筑遗址等，它们提供了关于古代社会结构、城市规划、人口分布等方面的宝贵信息。

建筑类：包括古建筑、石窟寺、石刻、近现代代表性建筑等，这些建筑不仅具有艺术价值，还反映了当时的建筑技术和文化特色。

墓葬类：古墓葬是研究古代丧葬习俗、社会结构、宗教信仰等的重要资料，同时也是出土文物的重要来源。

其他类：如岩画、岩刻、石窟、摩崖石刻等，这些文物以其独特的形式和内

---

① 《文物学概论》编写组．文物学概论：彩图版 [M]．北京：高等教育出版社，2019：30.

容，丰富了我们对古代人类活动的认知。

（三）特殊类型文物

除了上述两大类，还有一些特殊类型的文物，它们或因材质、功能、发现方式的特殊性而被单独列出，如：

水下文物：指在水域中发现的文物，包括沉船、水下遗址、水下遗物等，它们为研究海上贸易、航海技术、水下文化遗产保护等提供了新的视角。

微缩景观与模型：如古代园林模型、城市规划模型等，这些文物以缩小的形式展现了古代的建筑艺术和城市规划理念。

非物质文化遗产的实物载体：虽然非物质文化遗产本身不属于传统意义上的文物，但其相关的实物载体，如传统乐器、服饰、工艺品等，往往被视为文物的一部分，因为它们承载着非物质文化的重要信息。

综上所述，文物的范围极其广泛，几乎覆盖了人类活动的所有领域。每一件文物都是历史的见证者，是文化的传承者，它们共同构成了人类文明的记忆库。因此，对文物的保护与研究，不仅是对物质遗产的珍视，更是对人类历史文化的尊重与传承。

第二节　文物的特点与价值

一、文物价值的客观性

所谓文物价值，是指文物的用途及其所起的积极作用。

文物价值内在地蕴含于其自身之中，展现出有形价值与隐形价值并重的双重属性。其价值之高低，亦由文物自身之特质所决定，故而兼具客观性。因此，针对特定类别或个体文物所具价值的评估，务必秉持实事求是之原则，力求客观公正。然而，文物价值的评估，实乃一项跨学科的综合考量，要求评估者具备深厚的历史知识、文化艺术素养及科学修养。此外，评估过程的客观性，亦受研究者个人立场、观点、研究方法、科学态度及学术水平等多重因素影响。鉴于文物研究者知识背景、立场观点、学术态度及水平的差异，对于文物价值高低的评判难免见仁见智，甚至产生截然相反的意见。因此，在对文物进行评价时，务必竭力追求客观性，以期避免不必要的混淆或损失。

在漫长的人类历史长河中，人类创造的物质文化作品不计其数，遗留至今的物质文化遗存的数量也难以估计，因而哪些是属于文物就需要有一个标准予以界定。

一般而言，文物应具有历史、艺术、科学价值。但事实上有的文物并非三种价值皆具备，其中有的仅具有一种价值。至于近现代的遗物、遗迹，是否确定为文物，要视其是否具有典型代表性和纪念价值而定，若具有纪念价值的也属于文物。因而就整体而言，文物应是具有历史、艺术、科学和纪念价值的遗物、遗迹。[②]

二、文物应具备的四性

上一小节我们谈到文物价值具有客观性，并应具备历史、艺术、科学和纪念价值的物质文化遗存、精神物化遗存方可确定为文物，换句话说，文物应具备历史、艺术、科学和纪念四性。

（一）历史性

历史性，是文物最为核心的属性。它要求文物必须是历史的产物，能够直接或间接地反映人类社会发展的某个阶段或某种状态。历史性不仅体现在文物的时间跨度上，更体现在其所能提供的历史信息上。一件文物，无论其形态、质地、工艺如何，只要它能够揭示历史的面貌，展现历史的变迁，就具备了历史性的价值。

历史性要求文物具有时代特征。不同历史时期的文物，其形态、风格、工艺都各不相同，这些差异正是历史变迁的印记。通过研究这些文物，我们可以了解不同时期的社会制度、生产力水平、人们的生活方式和思想观念等。同时，历史性还要求文物具有历史联系。文物不是孤立存在的，它们之间往往存在着千丝万缕的联系。通过这些联系，我们可以构建起历史的脉络，还原历史的真实面貌。

（二）艺术性

艺术性，是文物所具备的审美、欣赏、愉悦功能以及其在美学、美术史、艺术史上的资料价值。文物的艺术性，既体现在其外在的形态美、线条美、色彩美上，也体现在其内在的文化内涵和审美意蕴上。

文物的艺术性要求其具有审美价值。无论是古代的青铜器、陶瓷器，还是

---

② 吴诗池.文物学概论 [M].上海：上海文艺出版社，2002：50.

书画、雕塑等艺术品，都以其独特的造型、精湛的技艺和丰富的内涵而具有极高的审美价值。这些文物不仅令人赏心悦目，还能激发人们的审美情感，提升人们的审美情趣。同时，文物的艺术性还要求其具有欣赏功能。文物作为历史的见证者，它们所展现的不仅是历史的面貌，还有历史的艺术成就。通过欣赏这些文物，我们可以领略到不同历史时期的艺术风格和审美追求，感受到人类艺术的魅力和智慧。

此外，文物的艺术性还体现在其在美学、美术史、艺术史上的资料价值上。许多文物都是美学、美术史、艺术史研究的重要资料，它们为研究这些学科提供了宝贵的实物证据。通过研究这些文物，我们可以深入了解不同历史时期的美学思想、艺术流派和创作技法等。

（三）科学性

科学性，是文物所蕴含的知识、科学与技术信息。文物作为历史的产物，它们往往蕴含着丰富的科学知识、技术信息和智慧结晶。这些知识和信息，对于推动科学研究、促进技术进步和传承人类文明具有重要意义。

文物的科学性要求其具有知识价值。许多文物都是古代人们智慧的结晶，它们蕴含着丰富的科学知识、技术信息和历史经验。通过研究这些文物，我们可以了解古代人们的生产方式、生活习俗、科技水平和社会制度等。同时，文物的科学性还要求其具有技术价值。许多文物都是古代科技的杰出代表，它们展示了古代人们在工艺、建筑、医学等领域的卓越成就。这些技术成果不仅为古代社会的发展作出了重要贡献，也为现代科技的发展提供了宝贵的借鉴和启示。

此外，文物的科学性还体现在其对于科学研究的推动作用。许多文物都是科学研究的重要对象，它们为研究古代科技、历史、文化等提供了宝贵的实物证据。研究这些文物，可以揭示古代科技的奥秘，还原历史的真实面貌，推动相关学科的发展。

（四）纪念性

纪念性，是衡量文物价值的另一重要标尺。它主要指的是文物所具有的纪念意义、象征意义和情感价值。许多文物，尤其是与重大历史事件、重要人物或特定时期相关的文物，往往具有深厚的纪念性价值。

文物的纪念性要求其具有历史事件的纪念意义。许多文物都是重大历史事件的见证者，它们记录了历史的变迁和时代的风貌。这些文物不仅具有历史价值，还具有深刻的纪念意义。它们提醒着我们历史的教训和经验，激发着我们的爱国情感和民族自豪感。同时，文物的纪念性还要求其具有人物的纪念意义。许多文物都与重要人物密切相关，它们记录了这些人物的生平事迹和思想精神。这些文物不仅是我们了解历史人物的重要途径，也是我们缅怀先贤、传承精神文化的重要载体。

此外，文物的纪念性还体现在其特定的象征意义和情感价值上。许多文物都具有特定的象征意义，它们代表着某种文化、信仰或价值观。这些文物不仅是我们了解特定文化或信仰的重要窗口，也是传承和弘扬这些文化或信仰的重要媒介。同时，许多文物还具有深厚的情感价值，它们承载着人们的记忆和情感寄托。这些文物不仅是我们缅怀过去、寄托哀思的重要对象，也是我们传承家族记忆、弘扬民族精神的重要载体。

综上所述，文物的这四性相互渗透、相互制约，共同构成了文物的独特价值和魅力。通过对这四性的深入研究和理解，我们可以更好地认识和欣赏文物的独特之处，也可以更好地保护和传承这些珍贵的文化遗产。同时，我们也应该认识到，文物的价值是多维的、复合的，我们在保护和传承文物的过程中，需要全面考虑其各种价值，做到科学保护、合理利用和有效传承。

第三节 文物保护管理的内容与对策分析

一、文物保护管理的内容

文物保护管理，作为一项复杂的系统工程，其重要性不言而喻。它不仅关乎国家历史文化的传承与发展，还涉及民族文化自信的建立与巩固。因此，如何有效地进行文物保护管理，不仅是文化（文物）行政管理部门及文物工作者的基本职责，也需要全体国民的积极参与和支持。从宏观的政策制定与规划，到微观的文物保护措施实施，其涵盖的内容丰富多样，涉及的领域广泛。

（一）文物法制管理

文物法制管理，是文物保护管理工作的基础与核心。它主要通过建立和完善文物保护相关的法律法规体系，为文物保护工作提供法律依据和保障。具体而言，文物法制管理包括以下几个方面：

文物保护法律法规的制定与完善：国家应根据文物保护的实际需要，制定和完善相关的法律法规，明确文物保护的原则、目标、任务以及各方的权利与义务，为文物保护工作提供明确的法律指导。

文物保护法律法规的宣传与教育：通过广泛的宣传和教育活动，提高公众对文物保护法律法规的认知度和遵守意识，形成全社会共同参与文物保护的良好氛围。

文物保护法律法规的执行与监督：文化（文物）行政管理部门应依法履行文物保护的职责，加强对文物保护法律法规执行情况的监督检查，确保各项法律法规得到有效实施。

（二）馆藏文物管理

馆藏文物，作为文物的重要组成部分，其保护管理工作同样不容忽视。馆藏文物不仅具有极高的历史、艺术和科学价值，还是博物馆、纪念馆等文化机构展示和传播历史文化的重要载体。因此，加强馆藏文物的保护管理，对于传承和弘扬中华优秀传统文化具有重要意义。

1. 文物藏品登记管理

文物藏品登记管理，是馆藏文物管理的基础工作。它通过对文物藏品的详细登记和记录，确保文物藏品的身份明确、信息准确。具体而言，文物藏品登记管理包括以下几个方面：

（1）文物藏品的入藏登记：新入藏的文物应按照规定的程序进行登记，记录文物的名称、年代、质地、尺寸、来源等基本信息，并为每件文物分配唯一的藏品编号。

（2）文物藏品的档案建立：为每件文物建立详细的档案，包括文物的历史沿革、流传经历、鉴定意见、修复记录等，以便对文物进行全面的了解和研究。

（3）文物藏品的信息化管理：利用现代信息技术手段，建立文物藏品数据库，实现文物藏品的数字化管理和信息共享。

2. 文物库房建设与管理

文物库房，作为馆藏文物存放的重要场所，其建设与管理直接关系到文物藏品的安全与保存质量。因此，加强文物库房的建设与管理是馆藏文物管理工作的重要环节。具体而言，文物库房建设与管理包括以下几个方面：

（1）文物库房的选址与设计：文物库房应选在地质稳定、环境适宜的地方，并按照文物保护的要求进行专业设计，确保库房具有良好的通风、采光、防潮、防虫等条件。

（2）文物库房的设施建设：库房内应配备专业的文物存放设施，如文物柜、文物架等，并确保这些设施符合文物保护的标准和要求。

（3）文物库房的环境监控：定期对库房内的温度、湿度等环境因素进行监测和调控，确保文物处于适宜的保存环境中。

（4）文物库房的安全管理：加强库房的安全防范措施，如安装监控设备、报警系统等，确保文物库房的安全无虞。

3. 文物藏品调拨及交换管理

文物藏品的调拨与交换，是馆藏文物管理工作中的重要环节。它不仅可以优化文物资源的配置，还可以促进不同文化机构之间的交流与合作。然而，文物藏品的调拨与交换也必须严格遵守相关的法律法规和程序，以确保文物藏品的合法性与安全性。具体而言，文物藏品调拨及交换管理包括以下几个方面：

（1）文物藏品调拨的程序与规定：明确文物藏品调拨的条件、程序和要求，确保调拨过程的合法性和规范性。调拨前应对文物进行详细的鉴定和评估，确保文物的真实性和价值。

（2）文物藏品交换的原则与方式：文物藏品的交换应遵循等价交换、自愿互利的原则，并明确交换的方式和程序。交换前应对双方文物进行详细的比较和评估，确保交换的公平性和合理性。

（3）文物藏品调拨与交换的监督与管理：文化（文物）行政管理部门应加强对文物藏品调拨与交换过程的监督与管理，确保各项规定和程序得到严格执行。同时，还应建立完善的文物藏品调拨与交换档案，以便对调拨与交换过程进行追溯和查询。

（三）文物保护单位管理

文物保护单位的管理，作为文物管理工作中的核心组成部分，其重要性不言而喻。这一管理过程不仅聚焦于文物保护单位本身，还涵盖其周边环境，旨在确保文物安全，防止环境遭受破坏，从而充分发挥文物在历史文化传承和社会发展中的独特作用。

1. 文物保护单位公布

文物保护单位的公布涉及对具有历史、艺术、科学价值的文物进行系统的调查和评估，以确定其是否具备被列为文物保护单位的资格。公布过程需严格遵循相关法律法规，确保公平、公正、公开。具体而言，公布程序包括文物价值的评估、专家评审、社会公示及最终审批等多个环节。通过这一系列程序，能够确保被列为文物保护单位的文物真正具备突出的历史、艺术和科学价值，值得全社会共同保护和珍视。

在公布过程中，特别注重文物的历史沿革、文化内涵、艺术特色以及科学价值的深入挖掘和准确传达。这不仅有助于提升公众对文物保护的认识和兴趣，还能为后续的文物保护工作提供科学依据和指导。同时，公布过程还强调社会参与和公众监督，确保文物保护单位的选定过程透明、民主，充分反映社会各界的意见和诉求。

2. 文物保护范围划定

文物保护范围的划定旨在明确文物保护的具体边界，确保文物及其周边环境得到有效保护。划定过程需充分考虑文物的历史、艺术和科学价值，以及其与周边环境的关系。通过科学合理的划定方法，能够确保文物在保护范围内得到充分的关注和呵护，防止因城市发展、人类活动等因素对文物造成破坏。

在划定过程中，特别注重文物保护的整体性和协调性。这意味着不仅要保护文物本身，还要保护其周边的历史环境和自然景观。通过划定合理的保护范围，能够确保文物与其周边环境形成一个和谐的整体，共同展现历史文化的独特魅力。同时，划定过程还强调与城市规划、土地利用等部门的沟通协调，确保文物保护与城市发展相协调、相促进。

3. 文物保护标志树立

文物保护标志的树立，是文物保护单位管理的重要视觉标识。这一环节旨在通过设立明显的标志，提醒公众注意文物保护的重要性，并引导公众正确认识和尊重文物。通过简洁明了的标志设计，能够直观传达文物的独特魅力和保护价值。

在树立过程中，特别注重标志的醒目性和易识别性。这意味着标志应设置在文物附近的显眼位置，并采用鲜明的色彩和简洁的图案，以便公众能够迅速识别并了解文物的相关信息。同时，标志上还应注明文物的名称、年代、保护级别等重要信息，为公众提供全面的文物知识。通过这一方式，不仅能够提升公众对文物保护的认识和兴趣，还能为文物保护工作营造良好的社会氛围。

4.文物保护档案建立

文物保护档案的建立，是文物保护单位管理的信息基础。这一环节涉及对文物的历史、艺术、科学价值进行系统的记录和整理，以形成全面、准确的文物档案。档案的内容应包括文物的历史沿革、文化内涵、艺术特色、科学价值以及保护状况等多个方面。通过建立完善的文物档案，能够为文物保护工作提供科学依据和指导，确保文物得到全面保护。

在建立过程中，特别注重档案的完整性和准确性。这意味着档案应涵盖文物的所有重要信息，并确保信息的真实性和可靠性。为实现这一目标，需采用多种手段和方法进行信息的收集和整理，如实地考察、专家访谈、文献研究等。同时，还应建立完善的档案管理制度，确保档案的保存、利用和管理工作的规范化和科学化。通过这一方式，不仅能够为文物保护工作提供有力的信息支持，还能为未来的文物研究和文化传承奠定坚实的基础。

（四）文物调查管理

文物调查，作为文化（文物）行政管理部门和文物机构的一项核心工作，其重要性不言而喻。为了有效地实施文物保护与管理，必须对保护管理的对象有深入的了解和认识，这就需要进行系统的文物调查。文物调查的过程，同时也是对文物进行深入了解和研究的过程。在这一过程中，不仅要宣传文物法规，普及文物知识，还要征集、采集文物标本，并做好各种相关资料的整理工作，为科学研究、保护管理以及宣传教育提供翔实的科学依据。

1.文物调查形式

文物调查的形式是依据调查的目的与要求而定的。不同的调查目的与要求，决定了不同的调查形式。具体而言，文物调查主要包括以下几种形式：

（1）日常性调查：这是一种常态化的调查方式，主要是对文物进行定期或不定期的巡查和监测，以确保文物的安全状况得到及时地了解和掌握。

（2）专题调查：针对某一特定主题或课题进行的深入调查，旨在收集与该主题相关的文物信息和资料，以支持特定的研究或保护工作。

（3）重点勘察：对重点文物保护单位或具有特殊价值的文物进行详细勘察，以获取其详细的历史、艺术和科学信息。

（4）配合工程调查：在大型工程建设前进行的文物调查，旨在确保工程建设不会破坏文物，并为文物保护提供科学依据。

（5）区域性调查：对某一特定区域内的文物进行全面的调查，以了解该区域内文物的分布、类型和保存状况。

（6）试掘调查：在考古发掘前进行的小规模试掘，以了解遗址的文化内涵和埋藏情况，为正式的考古发掘提供科学依据。

（7）文物普查：在全国范围内或某一特定区域内进行的全面性的文物调查，旨在全面了解和掌握文物的数量和分布状况。

（8）文物复查：对已经调查过的文物进行再次调查，以核实其保存状况和信息是否发生变化，并为后续的文物保护工作提供更新的数据支持。

2. 文物调查准备

在进行文物调查之前，充分的准备工作是必不可少的。这主要包括以下几个方面：

首先，需要明确调查的目的和要求，确定调查的范围和重点，以确保调查工作的针对性和有效性。

其次，要制订详细的调查计划，包括调查的时间表、路线图、人员分工等，以确保调查工作的有序进行。同时，还需要准备必要的调查工具和设备，如测量工具、记录设备、摄影器材等，以确保调查工作的顺利进行。

再次，在调查前还需要对调查人员进行专业的培训，使其熟悉调查的流程和方法，并了解相关的文物知识和法规。

最后，还需要做好与当地政府和相关部门的沟通协调工作，确保调查工作的顺利进行并得到必要的支持。

3. 文物调查对象

文物调查的对象是《中华人民共和国文物保护法》所规定的受国家保护的各类文物。这些文物包括具有历史、艺术、科学价值的古文化遗址、古墓葬、古建筑、石窟寺和石刻、壁画等，以及各时代珍贵的艺术品、工艺美术品，重要的革命文献资料以及具有历史、艺术和科学价值的手稿和古旧图书资料等。这些文物都是中华民族历史文化的瑰宝，也是文物调查的重要对象。

4. 文物调查要求

文物调查的要求是由调查对象和目的而定的。其基本要求大致可以归纳为以下三个方面：

（1）实地调查：这是文物调查的基础环节。调查人员需要亲自到文物所在地进行实地考察和测量，以获取文物的准确信息和数据。在实地调查过程中，需要详细记录文物的位置、形状、尺寸、材质等信息，并拍摄照片或视频资料，以便后续的分析和研究。

（2）文物标本的采集（兼征集）：在实地调查过程中，对于具有特殊价值或代表性的文物标本，需要进行采集或征集。这不仅可以为科学研究提供实物资料，还可以为文物保护和修复工作提供参考。在采集或征集文物标本时，需要严格遵守相关的法律法规和规定，确保文物的合法性和安全性。

（3）调查资料的整理：在完成实地调查和文物标本采集后，需要对所收集的资料进行系统的整理和分析。这包括将调查数据录入数据库、对照片和视频资料进行归档、编写调查报告等。通过资料的整理和分析，可以更加深入地了解文物的历史、艺术和科学价值，为后续的文物保护和管理工作提供有力的支持。

（五）考古发掘管理

考古发掘管理，是对拟进行的各类考古发掘活动进行规划、组织、监控和评价的一系列管理活动。这涵盖了试掘、抢救性发掘、配合基本建设的发掘、主动性（有计划带课题）发掘以及特许发掘等多种类型。考古发掘管理是加强地下文物（如古遗址、古墓葬）和水下文物保护管理的重要方面，对于确保考古发掘的科学性、规范性和有效性具有至关重要的作用。

1. 考古发掘的类型

考古发掘，依据其发掘性质、目的和组织方式的不同，通常可以划分为以下几种类型：

（1）考古试掘：考古试掘是在正式发掘之前进行的小规模发掘活动，旨在探明遗址或墓葬的分布范围、文化内涵和保存状况，为后续的正式发掘提供科学依据。试掘通常选择遗址或墓葬的一小部分进行，以获取足够的信息来评估整个遗址或墓葬的价值和研究潜力。

（2）抢救性发掘：抢救性发掘是在遗址或墓葬面临自然破坏或人为破坏威胁时，为了抢救和保护文物而进行的紧急发掘活动。这类发掘通常时间紧迫，需要在文物受到进一步破坏之前尽快完成。

（3）配合工程发掘：配合工程发掘是在大型工程建设前进行的考古发掘活

动，旨在确保工程建设不会破坏地下文物，并为文物保护提供科学依据。这类发掘通常需要与工程建设方紧密合作，确保发掘工作与工程建设的顺利进行。

（4）主动发掘：主动发掘是考古研究机构或学者根据学术研究需要，有计划、有目的地进行的考古发掘活动。这类发掘通常带有明确的学术课题，旨在通过发掘来解答特定的学术问题或填补学术空白。

（5）特许发掘：特许发掘是在特定情况下，由政府部门或相关机构特别许可进行的考古发掘活动。这类发掘通常需要满足特定的条件和要求，如具有重大的学术价值、社会效益或文化意义等。

2. 考古发掘管理的方式和要求

考古发掘的种类多样，其管理方式和要求也不尽相同。具体来说，考古发掘管理可以细分为以下几个方面：

（1）试掘管理：试掘管理主要关注试掘活动的规划、组织和实施过程。在试掘前，需要制订详细的试掘计划，明确试掘的目的、范围、方法和时间表等。同时，还需要做好试掘人员的组织和培训工作，确保试掘活动的顺利进行。在试掘过程中，需要加强现场监控和数据记录工作，确保试掘结果的科学性和准确性。试掘结束后，还需要对试掘结果进行全面的分析和评估，为后续的正式发掘提供科学依据。

（2）主动发掘管理：主动发掘管理主要关注发掘活动的学术价值和研究意义。在进行主动发掘前，需要进行充分的学术论证和课题设计工作，确保发掘活动具有明确的学术目的和研究价值。同时，还需要做好发掘人员的组织和培训工作，确保发掘活动的专业性和科学性。在发掘过程中，需要加强现场监控和数据记录工作，确保发掘结果的准确性和完整性。发掘结束后，还需要对发掘结果进行深入的学术研究和成果推广工作，为学术界的进一步研究提供有力支持。

（3）保证质量的审查：考古发掘的质量是考古学研究的基础和关键。因此，在考古发掘过程中，需要进行严格的质量审查工作。这包括对发掘计划的审查、对发掘过程的监控以及对发掘结果的评估等。通过严格的质量审查工作，可以确保考古发掘的科学性、规范性和有效性，为学术界的进一步研究提供可靠的数据支持。

（4）配合工程发掘管理：配合工程发掘管理主要关注发掘活动与工程建设的协调与配合。在进行配合工程发掘前，需要与工程建设方进行充分的沟通和协调工作，确保发掘活动不会干扰工程建设的正常进行。同时，还需要制订详细的发掘计划和时间表等，确保发掘活动与工程建设的有序进行。

（5）抢救性发掘的管理：抢救性发掘是在紧急情况下进行的考古发掘活动。因此，其管理需要特别关注时间紧迫性和文物安全性等方面的问题。在进行抢救性发掘前，需要迅速组织专业的考古团队并制订详细的发掘计划。同时，还需要与相关部门和机构进行紧密的沟通和协调工作，确保发掘活动的顺利进行和文物的安全保护。在发掘过程中，需要加强现场监控和数据记录工作，并尽可能采用先进的技术手段来确保文物的完整性和安全性。

（6）特殊发掘的管理：特殊发掘是指那些具有特殊性质、目的或要求的考古发掘活动。这类发掘通常需要满足特定的条件和要求，并需要采用特殊的管理方式和手段。例如，对于水下考古发掘活动来说，需要特别关注水下环境对文物的影响以及水下作业的安全性等问题。因此，在进行特殊发掘前，需要进行充分的论证和准备工作，并制订详细的发掘计划和管理方案。同时，还需要组织专业的考古团队并采用先进的技术手段来确保发掘活动的顺利进行和文物的安全保护。在发掘过程中和结束后，还需要加强数据记录、分析和评估工作，并为后续的文物保护、展示和研究工作提供必要的支持和建议。

（六）私人收藏文物管理

私人收藏文物作为文物保护体系中的一个特殊而重要的环节，不仅丰富了文化遗产的保存形式，也是公众历史情感与文化认同的重要载体。因此，对私人收藏文物的管理，旨在促进文物收藏的健康发展，同时防止文物非法流转与损毁。

登记与鉴定制度：建立私人收藏文物的登记制度，要求收藏者将其所藏文物的基本信息进行备案，包括文物的来源、类型、年代、状况等，以便于文物管理部门的监管与指导。同时，鼓励并支持专业机构为私人收藏者提供文物鉴定服务，确保藏品的真实性与价值评估的准确性。

教育与培训：加强对私人收藏者的文物保护知识教育，通过举办讲座、研讨会等形式，提升其文物保护意识与鉴别能力，减少因无知而导致的文物损坏或流失风险。

政策激励与规范引导：政府及相关部门应出台相关政策，对积极参与文物保护、捐赠重要文物的私人收藏者给予表彰与奖励。同时，明确私人收藏文物的法律边界，打击非法交易行为，维护文物市场的健康秩序。

（七）文物出境管理

文物作为民族文化的瑰宝，其出境管理直接关系到国家文化安全与国际形象。因此，必须构建严密的文物出境管理体系，确保珍贵文物不被非法流失。

出境审批机制：建立健全文物出境审批制度，对申请出境的文物进行严格审查，依据其历史、艺术、科学价值及国家文化安全需要，决定是否批准出境。特别重要的文物应被列为禁止出境之列。

国际合作与交流：加强与其他国家在文物保护领域的合作，共同打击跨国文物走私活动。同时，通过国际展览、文化交流等方式，促进文物在世界范围内的合法展示与传播，提升中华文化的国际影响力。

法律与技术支持：完善文物出境相关法律法规，加大对文物走私行为的法律惩处力度。同时，利用现代科技手段，如数字化技术、物联网等，提升文物出境监管的智能化与精准度。

（八）文物市场管理

文物市场作为文物流通的重要渠道，其管理直接关系到文物的保护与合理利用。科学有效的市场管理，既能促进文物资源的合理配置，又能防止文物非法交易，维护文物市场的健康秩序。

文物市场的管理涵盖了国有文物商店、个体古玩商店、文物拍卖行（会）、文物旧货市场等多类市场主体，涉及文物的购销、鉴定、拍卖、展览等多个环节。管理重点在于确保市场主体的合法经营，文物的真实性与合法性，以及交易过程的透明与公正。

二、文物保护管理工作的加强对策

文物保护工作的有效开展对我国的文化发展具有重要意义，同时也是保障社会稳定发展的基础工作。随着我国社会经济的不断发展，人民生活水平也不断提升，在此背景下，人们对文物保护工作也提出了更高的要求。文物保护管理是经济和文化事业发展中重要的一环，同时也是我国经济建设和社会发展的基础内容。[3]

（一）加强文物保护工作的人员管理

文物的保护与管理，文物法律、法规的贯彻落实，除依靠全民参与外，文物

---

③ 焦燕，付宇飞.探索文物管理与保护之奥秘[J].炎黄地理，2023（09）：83-85.

工作人员是其主要力量。而对文物的研究、宣传则全靠文物工作人员。文物、考古、博物馆工作者均属文物工作人员。为使文物法规得以贯彻落实，保护、管理、研究、宣传好文物，对从事执行这方面公务的工作人员的管理十分重要。这方面工作主要是通过法律约束和制定职业道德准则、工作守则进行自律管理，而对违法的工作人员则同样要有法律制裁。

职业道德准则系指从事以文物、考古、博物馆工作为职业的人员应共同遵守的道德规范。如1986年，国际博物馆协会第14次大会制定和公布了《国际博协职业道德准则》，虽不具有国际法的效力，但它却是各会员博物馆工作的指导方针，该"规范"要求每个博物馆都应制订自己的法规。而这个法规除要保证本博物馆的性质符合国际的规定，即它是一个不追求营利的，为社会和社会发展服务的、公开的永久性机构，对人类和人类环境见证物进行研究、采集、保护、传播。特别是为研究、教育和游览的目的提供展览外，还要求博物馆的陈列展览所提供给观众的信息必须真实可靠。博物馆不得征集违法得到的文物，不得征集违反国际野生动物和自然历史保护法所取得的动植物标本；严格禁止各博物馆将已经合法收藏的藏品随意转让。经特殊批准并按法律程序进行转让的藏品，其转让收入，必须全部用于为本馆再征购藏品。同时要求博物馆工作人员要正直、有道德、遵守法令，不应单纯为了别的单位的职务和工资待遇更优越而辞职；工作要有效率、有礼貌；同事间要以诚相待，要合作，要共享知识和经验等。

工作守则系指文物工作人员在工作中必须遵守的守则。例如：①热爱本职工作，坚守岗位，严格执行岗位责任制，努力完成任务；②爱护文物，确保文物不受损伤；③严禁将文物化公为私；④严禁将国家文物作为礼品赠送任何个人；⑤对私人向文博单位出售的文物，严禁利用职权，为自己或亲友收购；⑥经上级批准可以处理的文物，只能卖给文物商店，不准以任何形式处理给个人；⑦严禁倒卖文物从中得利的活动；⑧严禁将国家收藏的文物，出借给个人等。这些守则是全国从事文物工作的人员须共同遵守的。

法制管理系指对文物工作人员违法行为进行法律制裁。此外，提高文物工作人员的业务水平，也属文物管理范畴。因为只有文物工作人员的业务水平不断提高，才能把文物的保护和管理工作做得更好。这方面除业务人员定期接受再教育，使业务水平不断提高外，特别要重视专职或兼职的鉴定人员鉴定水平的提高和定期考核。

（二）注重文物保护科研与科技应用

文物要保护好，文物保护科研要先行。因为要保护好文物，必须采取科学的保护措施，这就必须通过科学研究。如怎样对古建筑进行加固维修，怎样防止壁画变色、石刻风化、纸张变脆、丝麻变质、金属锈蚀等，还有如何防火、防雷、防霉、防潮、防虫、防菌及防止漆器、竹、木器（含简、牍）的脱水等都需要经过科学研究和科学试验。从目前看，有些问题可以解决，而还有许多问题没法解决，因之，文物保护的科研任务仍十分艰巨，且刻不容缓。

总之，保护文物对于每个国家、每个民族和世界人类文明的发展都起着积极作用。所以受到了世界各国和国际上的重视，文物保护已成了当今世界科研领域内的一个重要学科。对文物保护的重视与否已经成了一个民族与国家文明发展程度的标志。

（三）加强文物管理制度建设

文物保护管理相关部门需要明确自身的责任，对相关因素进行整合与把握，制定出具有针对性的解决措施。法律制度的建立与完善能够为文物保护工作提供切实有效的法律支持，使文物保护的各项工作能够顺利推进与实施。在具体管理的过程中，需要对文物的特性进行详细了解，对相关部门的职能进行明确，使部门管理人员在日常的管理工作中，能够充分意识到自身岗位的重要性，通过有效措施促进文物保护工作的顺利实施。此外，需要对文物行政执法结构进行优化，在整合各个部门资源的基础上，对文物保护的范围和地带进行划分，使具体部门负责具体地带，增强文物管护工作的针对性和规范性。

（四）建立完善的安全应急预案

一些文物保护单位，尤其是那些坐落于野外偏远地区的，其保护工作的实施面临着诸多挑战。为了有效地开展保护工作，这些单位必须与当地政府建立紧密的联系，遵循既定的机制和规章制度进行建设，确保文物保护工作能够有序、高效地进行。在此过程中，让当地群众积极参与并发挥其积极作用显得尤为重要，他们的参与不仅能为文物保护工作提供宝贵的支持，还能增强社会对文物保护的认知和重视。

同时，为了更好地应对可能发生的紧急情况，建立当地村民理事会是一个行之有效的措施。这一理事会在深入了解当地实际情况的基础上，能够完善文物保护的应急处理方案，确保在面对突发事件时，能够迅速、有效地采取行动，起到良好的防护作用。

此外，在与各级村委会进行沟通与联系的过程中，还需要结合文物的种类和具体特点，建立一套科学合理的绩效管理机制。通过与相关部门的紧密合作，增强合作的长久性和全面性，使得这一合作机制能够在文物保护工作中发挥出积极而有效的作用，共同推动文物保护事业的发展。

第二章 文物的保护与利用

在漫长的历史长河中，各类文物如何得到有效保护与合理利用，一直是人们关注的焦点。本章将深入探讨纸质、金属、石质、陶瓷及漆器竹木等不同类型文物的保护与利用策略。通过细致的分析与实践经验的分享，旨在找到文物保护与可持续发展之间的平衡点。

第一节 纸质文物保护

我国有着数千年的历史，在这漫长的岁月中也孕育了数不清的文化。在这一过程中，"纸张的发明不仅仅是人类发展历史中的里程碑，更成为无数优秀文化的载体，对文化的发展与传承起到了至关重要的作用"。[④] 与此同时，纸张的特质也在一定程度上决定了其更容易受到损害。随着时间的推移，大部分纸质文物在流转过程中都遭受了不同程度的损坏，给现代考古和文物保护工作都带来了一定的挑战。纸质文物的保护与修复有着重要的历史意义，由于纸质文物易受到损伤，文物工作者需要及时发现纸质文物损害的原因并选择合适的保护和修复技术，才能保证文物的完整性。

一、纸质文物的基本认知

（一）纸质文物的起源与发展

纸质文物作为记录和传播人类知识与文化的重要工具，其历史可追溯至古代造纸术的发明与传播。

1.造纸术的发明与传播

造纸术，这一伟大的发明，起源于中国汉代。最初的纸张主要由麻、旧布、树皮等纤维材料制成，经过捣碎、漂洗、晒干等工序而成。随着技术的不断改进，

④ 陈潇.浅谈纸质文物的保护措施 [J]. 中国民族博览，2022（04）：187-189.

造纸术逐渐传播至亚洲其他地区，进而传入欧洲与美洲，成为推动世界文明发展的重要力量。造纸术的发明不仅极大地降低了书写材料的成本，还使得文化的传播与保存更加便捷，为纸质文物的诞生与发展奠定了基础。

2. 不同历史时期纸质文物的特点与代表作

随着历史的推移，纸质文物在不同历史时期呈现出各具特色的风貌。在古代，由于造纸技术和书写工具的限制，纸质文物多以手写为主，如唐代的佛经、宋代的刻本等，这些文物不仅具有极高的历史价值，还展现了古代书法与绘画的艺术魅力。

进入近现代，随着印刷技术的革新，纸质文物的形式更加多样，内容也更加丰富。例如，近代的报纸、杂志、书籍等，不仅记录了当时的社会变迁，还反映了人们的思想观念与文化追求。而现代的纸质文物，如档案、信件、手稿等，更是成为研究历史、文化、社会等多个领域的重要资料。

在这一发展过程中，不同历史时期的纸质文物都有其代表作。如唐代的《金刚经》刻本，不仅是佛教文化的珍贵遗产，也是研究唐代印刷技术的重要实物资料；而清代的《四库全书》，则是中国古代文化典籍的集大成者，对于研究清代学术与文化具有极高的价值。

（二）纸质文物的构成分析

纸质文物的构成复杂多样，既包括纸张这一基础载体，也涵盖墨水、油墨、颜料等附加材料。这些构成元素共同决定了纸质文物的物理性质与保存状况。

1. 纸张的主要成分

纸张作为纸质文物的核心构成部分，其质量与稳定性直接影响着文物的保存寿命。纸张主要由纤维素、半纤维素和木质素等天然高分子化合物组成。其中，纤维素是纸张的主要成分，赋予纸张以柔韧性和强度；半纤维素则起到连接纤维素与木质素的作用，影响纸张的吸湿性和稳定性；而木质素则主要存在于纸张的杂质中，其含量过高会导致纸张易酸化、老化。

除了这些主要成分外，纸张中还可能含有填料、胶料、色料等添加剂，以改善纸张的性能和外观。然而，这些添加剂也可能对纸张的长期保存产生不利影响，如加速纸张的老化、褪色等。

2. 附加材料的特性

墨水、油墨、颜料等附加材料是纸质文物上文字与图像的重要载体，其性质

21

与稳定性同样影响着文物的保存状况。传统的墨水多由植物、矿物或动物性原料制成，如墨汁、炭黑等，这些天然材料制成的墨水通常具有较好的稳定性与耐久性。然而，随着化学工业的发展，现代墨水、油墨中逐渐添加了染料、树脂等合成成分，这些成分在提高墨水性能的同时，也可能带来褪色、渗化等潜在风险。

颜料在纸质文物中同样扮演着重要角色，尤其是彩色纸质文物中。传统颜料如矿物颜料（朱砂、石青等）和植物颜料（藤黄、花青等）因其天然成分而具有较好的稳定性。然而，现代合成颜料虽然色彩鲜艳、性能稳定，但长期使用或保存不当可能导致褪色、变色等问题。

（三）纸质文物的损坏因素

纸质文物，作为历史的见证者与文化的传承者，其保存状态直接关系到历史信息的完整性与可读性。然而，纸质文物在保存过程中易受到多种因素的损害，这些因素可大致分为内因与外因两大类。

1.纸质文物损坏的内因

纸质文物损坏的内因主要缘自其自身的化学与物理性质变化，其中酸化作用和材质变化是两个核心方面。

（1）酸化作用：纸张在生产和使用过程中，常因原材料、制造工艺及环境因素而含有酸性物质。这些酸性物质随着时间的推移，会逐渐导致纸张纤维素的降解，进而使纸张强度减弱、颜色变黄甚至脆化。酸化作用是纸质文物长期保存中面临的一大挑战，它不可逆转地损害着文物的物质基础。

（2）材质变化：纸质文物的材质变化主要包括纤维素的老化、半纤维素的分解以及木质素的氧化等。这些变化不仅影响纸张的物理性能，如抗拉强度和柔韧性，还可能导致纸张表面形态的改变，如起皱、龟裂等。材质变化是纸质文物内在老化的体现，它使文物逐渐失去原有的形态与质感。

2.纸质文物损坏的外因

相较于内因，纸质文物损坏的外因更为复杂多样，包括温湿度变化、光线辐射、有害气体侵蚀、昆虫蛀蚀、微生物滋生以及机械磨损等。

（1）温湿度变化：温湿度是影响纸质文物保存状态的重要因素。过高的湿度会导致纸张吸水膨胀，进而引起纤维间的结合力减弱，甚至造成纸张的变形与霉变；而过低的湿度则会使纸张失水收缩，导致纸张变脆、易裂。温湿度的频繁变化更是加剧了纸张的老化与损坏。

（2）光线辐射：光线，特别是紫外线，对纸质文物具有显著的破坏作用。长时间的光照会使纸张中的纤维素发生光化学反应，导致纸张褪色、强度下降。此外，光线还可能引发纸张表面的氧化反应，进一步加速文物的老化过程。

（3）有害气体侵蚀：空气中的有害气体，如二氧化硫、氮氧化物等，易与纸张中的化学成分发生反应，导致纸张的酸化与腐蚀。这些有害气体不仅来源于外部环境，还可能由文物保存设施内的材料释放，对纸质文物构成潜在威胁。

（4）昆虫蛀蚀：昆虫，特别是书虱、蠹虫等，常以纸张为食，它们的活动会在纸张上留下孔洞与痕迹，严重破坏文物的完整性。昆虫的滋生往往与保存环境的温湿度、清洁度有关，因此，控制保存环境是预防昆虫蛀蚀的关键。

（5）微生物滋生：霉菌等微生物在适宜的温湿度条件下易在纸张上滋生，它们不仅分解纸张的纤维素，还可能产生色素与有害物质，导致纸张的变色与腐蚀。微生物的滋生是纸质文物保存中的一大难题，它要求文物保存环境具有严格的卫生标准。

（6）机械磨损：纸质文物在流传与使用过程中，常因翻阅、搬运等操作而受到机械磨损。这些磨损可能表现为纸张边缘的破损、表面的划痕等，它们不仅影响文物的外观，还可能削弱纸张的结构强度。

二、纸质文物保护的具体措施

纸质文物，作为人类历史与文化的重要载体，其保护与管理工作显得尤为关键。为了确保纸质文物能够长期保存并传承后世，必须采取一系列科学、有效的保护措施。

（一）纸质文物保护的环境控制

环境控制是纸质文物保护的基础，其目的在于创造一个稳定、适宜的环境，以减缓文物的自然老化过程。环境控制主要包括温湿度调节、光照控制以及空气净化三个方面。

1. 温湿度调节

建立并维护一个恒温恒湿的环境对于纸质文物的保护至关重要。这通常需要通过专业的恒温恒湿设备来实现，如空调、加湿器、除湿机等。这些设备能够根据预设的温湿度范围，自动调节环境中的温度和湿度，以确保纸质文物处于一个相对稳定的环境中。

在实际操作中，恒温恒湿环境的建立需要考虑多种因素，如文物的材质、保存状况以及地域气候等。同时，为了维持这一环境的稳定性，还需要定期对设备进行维护和检修，以确保其正常运行。

2. 光照控制

光照，特别是紫外线辐射，对纸质文物具有显著的破坏作用。因此，减少紫外线辐射是光照控制的关键。

为了实现这一目标，可以采取多种措施。首先，在文物保存和展示区域安装紫外线过滤装置，如紫外线吸收膜、紫外线过滤器等，以有效阻挡紫外线进入。其次，选择适当的照明设备，如使用低紫外线的 LED 灯或荧光灯，以降低光照对文物的损害。此外，还可以通过合理布局照明设备，避免光线直接照射到文物上，进一步减少光照对文物的影响。

除了减少紫外线辐射外，采用柔和光源也是光照控制的重要方面。柔和光源能够减少光照对文物的冲击，降低光化学反应的速率。因此，在选择照明设备时，应优先考虑那些光线柔和、不刺眼的光源。

3. 空气净化

为了控制有害气体含量，可以采取多种措施。首先，定期对保存环境进行空气质量检测，及时发现并处理有害气体超标的情况。其次，选择适当的空气净化设备，如空气净化器、活性炭吸附装置等，以有效去除空气中的有害气体。此外，还可以通过改善保存环境的通风条件，保持空气流通，降低有害气体的浓度。

除了控制有害气体含量外，保持空气流通也是空气净化的重要方面。空气流通能够带走环境中的湿气、尘埃以及有害气体等污染物，保持空气的清新与洁净。因此，在文物保存和展示区域应设置合理的通风系统，以确保空气的流通与更新。

（二）纸质文物的存放与展示

存放与展示是纸质文物保护的重要环节。合理的存放设施能够确保文物在保存过程中的稳定性与安全性；而科学的展示要求则能够在展示文物的同时，最大限度地减少对其的损害。

1. 合理存放设施

为了确保纸质文物的长期保存，必须为其提供专用的库房。这些库房应具备良好的密封性能和隔热性能，以防止外部环境对文物的影响。同时，库房内还应配备专业的恒温恒湿设备以及空气净化设备，以确保文物处于一个稳定、适宜的环境中。

在防虫防霉方面，可以采取多种措施。首先，定期对库房进行清洁和消毒处理，以杀死可能存在的昆虫和霉菌。其次，使用防虫剂和防霉剂对文物进行预防性处理，以降低其受害的风险。此外，还可以通过控制库房内的温湿度和空气流通情况，创造一个不利于昆虫和霉菌生长的环境。

科学合理的摆放方式也是确保纸质文物稳定保存的重要方面。在摆放文物时，应遵循一定的原则和规律，如按照文物的材质、尺寸和形状进行分类摆放，使用专业的支撑架和托盘来承载文物，避免文物之间的直接接触和挤压等。这些措施能够有效地减少文物在保存过程中的物理损害和化学损害。

2. 展示要求

纸质文物的展示是其社会价值和历史价值的重要体现。然而，展示过程也可能对文物造成一定的损害。因此，在制定展示要求时，必须充分考虑文物的保护需求。

首先，应严格控制展示时间。长时间的展示会使文物暴露在光照和空气中，加速其老化过程。因此，应根据文物的材质和保存状况，合理安排展示时间，避免过度暴露。

其次，应采用无紫外线光源进行照明。如前所述，紫外线对纸质文物具有显著的破坏作用。因此，在展示过程中应使用低紫外线的 LED 灯或荧光灯进行照明，以减少光照对文物的损害。

最后，应定期更换展品。定期更换展品不仅能够使观众保持新鲜感，还能够减少单一文物在展示过程中的损害。通过轮换展品，可以使文物得到充分的休息和恢复时间，延长其整体保存寿命。

（三）纸质文物的传统保护方法

传统保护方法在历史的长河中积累了丰富的经验，为纸质文物的保护奠定了坚实的基础。其中，晾晒法、装裱与修复以及防虫防霉是三种具有代表性的传统保护方法。

1. 晾晒法

晾晒法是一种古老而有效的纸质文物保护方法。适度晾晒可以去除纸张中的部分水分，降低纸张的湿度，从而减缓纸张的老化速度。然而，晾晒过程需要严格控制光照强度和晾晒时间，以避免纸张因过度暴晒而受损。在实际操作中，应根据纸质文物的材质和保存状况，选择合适的晾晒时机和时长，确保晾晒过程对纸质文物无害且有益。

2. 装裱与修复

装裱与修复是纸质文物保护中不可或缺的一环。传统的装裱技艺通过精细的手工操作，能够修复纸质文物的破损部分，并增强其整体结构强度。在装裱过程中，选用的材料和方法对纸质文物的保护效果具有重要影响。因此，需要不断对传统装裱技艺进行研究和改进，以适应不同纸质文物的保护需求。例如，针对古代书画的装裱，可以采用传统的宣纸、绫绢等材料，并结合现代黏结技术，以实现更好的保护效果。

3. 防虫防霉

防虫防霉是纸质文物保护中的另一项重要工作。由于纸质文物易受昆虫和霉菌的侵害，因此需要采取有效的防虫防霉措施。传统的防虫防霉方法主要包括使用天然材料，如樟木、花椒等，这些材料具有天然的驱虫和杀菌作用。此外，还可以采用化学药剂进行防虫防霉处理，但需要注意药剂的选择和使用方法，以避免对纸质文物造成损害。在实际操作中，应根据纸质文物的具体情况和保存环境，制定合适的防虫防霉方案。

（四）纸质文物的现代保护技术

随着科技的发展，现代保护技术在纸质文物保护中得到了广泛应用。这些技术以其高效、精准的特点，为纸质文物的保护提供了新的手段和方法。其中，脱酸处理、清洗与漂白以及加固与修补是现代保护技术中的三大核心环节。

1. 脱酸处理

脱酸处理是针对纸质文物酸化问题的一种有效保护方法。由于纸张在制作和使用过程中容易酸化，导致纸张强度下降、颜色变黄等老化现象。因此，脱酸处理成为纸质文物保护中的重要环节。目前，常用的脱酸技术包括湿法、干法和气相法等。湿法脱酸通过将纸张浸泡在脱酸溶液中，去除纸张中的酸性物质；干法脱酸则采用固体碱剂与纸张中的酸性物质进行中和反应；气相法脱酸则是将纸张置于脱酸气体中，使酸性物质与气体发生反应而去除。在实际操作中，应根据纸质文物的材质和酸化程度，选择合适的脱酸技术和方法。

2. 清洗与漂白

清洗与漂白是针对纸质文物表面污渍和变色问题的一种有效保护方法。由于纸质文物在长时间保存过程中容易受到各种污渍和变色的影响，因此需要定期进行清洗和漂白处理。清洗过程可以采用水洗或有机溶剂清洗的方法，根据污渍的性质和纸质文物的材质选择合适的清洗剂和清洗方法。在必要时，还可以进行漂白处理，以去除纸质文物表面的顽固污渍和变色部分。但需要注意的是，漂白处理可能会对纸质文物的纤维结构造成一定影响，因此需要在专业人员的指导下进行。

3. 加固与修补

加固与修补是针对纸质文物破损和结构强度下降问题的一种有效保护方法。由于纸质文物在长时间保存和使用过程中容易受到各种破损和撕裂的影响，因此需要采用加固和修补技术进行修复。常用的加固技术包括树脂溶液法、加膜法等，这些方法可以增强纸质文物的纤维结构和整体强度。而修补技术则主要针对纸质文物的破损部分进行修复，如采用托裱法将破损部分与新的纸张进行粘结和修复。在实际操作中，需要根据纸质文物的破损程度和修复需求，选择合适的加固和修补技术与方法。

（五）纸质文物的数字化保护

数字化保护是指利用现代信息技术手段，将纸质文物转化为数字形态，以实现信息的长期保存与广泛传播。这一策略不仅能够有效缓解纸质文物实体保存的压力，还能极大地拓展文物的研究、教育与展示空间。

1. 数字化扫描与存储

数字化扫描是纸质文物保护的第一步，也是构建数字档案的基础。这一过程要求高精度、高分辨率的扫描技术，以确保纸质文物图像的清晰度和细节完整性。在扫描过程中，需根据文物的材质、尺寸和状况，选择合适的扫描设备和参数设置，如使用非接触式扫描仪以避免对文物的物理损害，调整光线和色彩平衡以还原文物的真实面貌。

扫描完成后，得到的数字图像需进行专业的图像处理，包括去噪、增强对比度、校正色彩等，以提升图像质量。随后，这些高质量的数字图像将被存储于专门的数字资产管理系统中，该系统应具备大容量存储、数据备份与恢复功能，确保数字档案的安全与长期可访问性。此外，为便于后续的研究与利用，还需对数字档案进行科学分类、编码与索引，构建完善的元数据体系。

2. 虚拟展示与传播

虚拟展示与传播是数字化保护的重要延伸，它利用虚拟现实（VR）、增强现实（AR）等先进技术，为纸质文物创造全新的展示与教育平台。通过这些技术，观众能够身临其境地探索纸质文物的细节，体验其背后的历史与文化故事，从而实现纸质文物的远程展示与教育普及。

虚拟现实技术能够构建一个完全沉浸式的三维环境，观众可以在其中自由浏览、旋转、缩放纸质文物的数字模型，甚至"翻阅"古籍，感受其独特的质感和翻页的动态效果。这种互动式的体验极大地增强了观众的学习兴趣和参与度，使得纸质文物的文化内涵得以更加生动、直观地传达。

同时，借助互联网和移动应用，纸质文物的数字内容可以实现跨地域、跨时空的传播。教育机构、博物馆、图书馆等文化机构可以将这些数字资源整合到在线教育平台、虚拟展览或移动应用中，让全球范围内的学习者都能轻松访问到这些珍贵的文化遗产。此外，通过社交媒体、在线论坛等渠道，纸质文物的数字内容还能进一步促进文化交流与学术研究，激发公众对文化遗产保护的参与热情。

第二节　金属文物与石质文物保护

一、金属类文物保护

金属类文物包括青铜器、铁器、金器、银器、锡器和铅器等。除了金银器，大多数金属类文物在外界不利的物理、化学、生物条件影响下，内部结构都会发生较大改变，随着时间的推移而发生各种腐蚀现象。这些腐蚀现象或发生在器物表面，或发生在实体内部。金属被腐蚀后，其体积、色泽、重量、强度、形状同原来相比会发生不同程度的变化，文物的科学、艺术价值和历史价值也随之降低。

（一）青铜器文物的保护

我国青铜器文物出土数量庞大，种类繁多，器物类别繁复，即便是在同一时期、同一地区出土的青铜器，由于其所含成分的差异，其锈蚀程度亦呈现出显著的多样性。例如，秦兵马俑中出土的青铜剑，剑刃依然锋利如初，光亮如新；然而，另一些青铜器在出土后仅数年时间内，便遭遇了极为严重的腐蚀与剥落现象。这一现象为文物保护工作者提出了一个至关重要的任务，即必须深入探究青铜器文物的化学组成、锈蚀机理以及锈蚀产物，并在此基础上，采取科学且有效的保护措施。

1. 青铜器文物的除尘与清洗

青铜器作为古代文明的瑰宝，历经千年埋藏于地下，其表面往往附着有锈蚀产物和黏土矿物的混合物，这些沉积物不仅影响青铜器的美观，更对其长期保存构成潜在的威胁。因此，对青铜器进行科学除尘与清洗，是文物保护工作中不可或缺的一环。

（1）除尘去垢。

青铜器出土后，首要任务是去除其表面的尘土与泥垢。这一过程需谨慎操作，以避免对器物造成不必要的损伤。

第一，清水除尘去泥垢。清水是最基础的清洁介质，适用于去除青铜器表面较为松散的尘土和泥垢。操作时，应使用柔软的毛刷或棉签，轻轻拂去或蘸取清水擦拭器物表面，注意避免水流直接冲刷，以免造成器物表面的微小划痕或锈蚀扩散。

第二，醋酸去泥垢。于某些难以用清水去除的顽固泥垢，可采用醋酸溶液进行辅助清洁。醋酸能与部分泥垢中的矿物质发生反应，有助于其松动和脱落。实施时，需将醋酸稀释至适当浓度，用软刷蘸取后轻轻刷洗，随后用清水彻底冲洗干净，以避免醋酸残留对青铜器造成腐蚀。

（2）超声波法清洗黏土沉积物。

青铜器表面的黏土沉积物，特别是含有石英、高岭土等成分并混杂绿色锈状物的沉积层，其去除更为复杂，需借助超声波清洗技术。

第一，蒸馏水—超声波清洗。利用超声波在蒸馏水中产生的空化效应，可以有效剥离青铜器表面的黏土沉积物。该方法基于物理作用，对器物本体的损害较小。清洗时，需将青铜器置于特制的清洗槽中，加入适量的蒸馏水，调整超声波频率和清洗时间，以确保清洗效果的同时不损害青铜器。

第二，六偏磷酸钠溶液—超声波清洗。对于沉积物较为坚硬或难以彻底清除的情况，可采用六偏磷酸钠溶液作为清洗剂。六偏磷酸钠能有效分散黏土颗粒，增强超声波的清洗效果。在实施过程中，需精确控制溶液的浓度和清洗参数，以避免化学物质对青铜器造成不必要的损害。清洗后，应用蒸馏水彻底冲洗，并自然晾干，必要时可进行后续的保护处理，以确保青铜器的长期稳定保存。

2.青铜器文物的除锈

青铜器文物的除锈工作，是文物保护领域中的一项重要技术。由于青铜器长时间暴露在自然环境中，或因保存条件不佳，往往会产生各种锈蚀，其中最为常见且具有破坏性的是粉状锈。这种锈蚀不仅影响文物的外观，还可能对文物造成进一步的损害。因此，对不同的青铜器进行除锈时，必须根据具体情况谨慎选择不同的方法。

第一，双氧水溶液氧化去锈。双氧水（H_2O_2）具有较强的氧化性，可以与青铜器表面的锈蚀物发生化学反应，从而达到去锈的目的。在使用双氧水溶液进行除锈时，应严格控制溶液的浓度和处理时间，避免对青铜器基体造成损害。通常，低浓度的双氧水溶液可以安全地用于去除青铜器表面的浮锈，但处理后必须用清水冲洗干净，并用无水乙醇或丙酮进行脱水处理，以防残留的双氧水继续与铜反应。

第二，倍半碳酸钠溶液去锈。倍半碳酸钠（$Na_2CO_3 \cdot NaHCO_3 \cdot 2H_2O$）溶液是一种较为温和的除锈剂。它可以通过化学反应将青铜器表面的锈蚀物转化为可溶性的盐类，从而去除锈蚀。在使用倍半碳酸钠溶液除锈时，同样需要注意溶液的浓度和处理时间，以免对文物造成不必要的损害。处理后，也应用清水冲洗干净，并进行适当的保护处理。

第三，柠檬酸和硫脲混合溶液去锈。柠檬酸是一种有机酸，而硫脲则具有还原性。将这两者混合使用，可以有效地去除青铜器表面的锈蚀，同时不会对青铜器基体造成太大的损害。但使用这种方法时，需要严格控制柠檬酸和硫脲的比例，以及处理时间和温度，确保除锈过程的安全和有效。

第四，氨水溶液去锈。氨水（$NH_3 \cdot H_2O$）是一种弱碱，可以与青铜器表面的酸性锈蚀物发生中和反应，从而去除锈蚀。但氨水同样具有腐蚀性，因此在使用时应严格控制浓度和处理时间。此外，处理后应及时用清水冲洗，并进行后续的保护工作。

第五，乙腈水溶液去锈。乙腈（C_2H_3N）是一种有机溶剂，可以有效地溶解青铜器表面的有机锈蚀物。但乙腈有毒，使用时需特别注意安全，必须在通风良好的环境下操作，并佩戴适当的防护装备。

第六，Zn 粉—5%NaOH 溶液去除铭文周围的铜锈。这种方法主要用于去除青铜器铭文周围的锈蚀，以突出铭文，便于阅读和研究。Zn 粉可以与 NaOH 溶液反应生成氢气，通过化学反应去除锈蚀。但这种方法需要精细操作，以免对铭文本身造成损害。

第七，复合法清洗除锈。对于锈蚀较为严重的大型青铜器，往往单用一种方法保护处理效果不好，需要几种方法复合使用，才能达到满意的效果。

3. 青铜器文物的封护与缓蚀

由于青铜器在地下长期埋藏过程中，往往受到土壤、水分、氧气等多种因素的侵蚀，出土时多已遭受不同程度的腐蚀。为了有效遏制这种腐蚀的进一步发展，保护青铜器免受进一步的损害，需要采取科学的封护与缓蚀措施。

当青铜器出土时，若锈蚀区域面积较小，可运用特定的化学试剂在铜器表面形成一层保护膜，这一技术被称作"封护"。理想的封护方法不仅能阻止腐蚀的进一步蔓延，还能在一定程度上清除已有的锈蚀。以下详细介绍几种常用的封护与缓蚀方法：

（1）氧化银局部封护法。氧化银局部封护法是一种有效的青铜器保护手段。该方法通过在青铜器表面形成一层致密的氧化银膜，能有效隔绝空气和水分，从而减缓腐蚀过程。实施时，需将氧化银溶液仔细涂抹在锈蚀区域，待其干燥后形成保护膜。这种方法操作简单，对青铜器的干预较小，适用于小面积的锈蚀处理。

（2）苯骈三氮唑（BTA）—乙醇溶液封护法。苯骈三氮唑（BTA）是一种有效的金属缓蚀剂，它能在青铜器表面形成一层化学吸附膜，有效阻止腐蚀介质与铜基体的接触。将 BTA 溶解于乙醇中，制成一定浓度的溶液，然后均匀涂抹在青铜器表面，待溶液挥发后，即可形成一层保护膜。这种方法不仅具有良好的缓蚀效果，而且对青铜器的外观影响较小。

（3）BTA—Na_2MoO_4—$NaHCO_3$ 复合配方封护法。这是一种结合了 BTA、钼酸钠（Na_2MoO_4）和碳酸氢钠（$NaHCO_3$）的复合封护方法。这种配方能够综合利用各种成分的缓蚀作用，形成更为稳固的保护膜。实施时，需将这三种成分按一定比例混合制成溶液，然后涂抹在青铜器表面。此方法对于复杂腐蚀环境的青铜器保护尤为有效。

（4）AMT 保护法。AMT（Amino-Trimethylene-Phosphonic Acid）是一种新型的有机磷缓蚀剂，其分子结构中的磷酸基团能与铜离子形成稳定的络合物，从而在青铜器表面形成一层致密的保护膜。将 AMT 溶液涂抹在青铜器上，通过化学反应与铜器表面结合，形成稳定的保护层，有效阻止腐蚀的进一步发展。这种方法具有长效性和环保性，是近年来青铜器保护领域的研究热点。

（二）铁器文物的保护

铁器的出现标志着新的生产力的产生，促进了人类历史文明的进程。铁器、锡器、铅器类文物与青铜文物相比，现存的数量不多且腐蚀严重。因此加强对这些金属文物的研究和探索，弄清其腐蚀机理，对锈蚀产物进行分析，研究保护方法刻不容缓。

在我国古代人类历史文明长河中，春秋战国时期生铁冶炼技术的成功标志着社会生产力又一飞跃发展。生铁性脆、强度不够，开始只能用于制造铁铲、铁锛等工具。目前秦皇陵兵马俑出土的 4 万余件的兵器中，只有铁矛 1 件、铁镞 1 件和铁铤铜镞 2 件，其余都是铜兵器。到了汉代，将生铁中的碳含量和有害杂质进一步降低就炼成了钢。自南北朝以后各种钢制农具、工具、兵器和生活用具大量出现，炒钢、百炼钢、灌钢工艺技术进一步改进，钢的质量明显提高。铁器的化学成分及结构决定其不稳定的理化性质，所以出土铁器文物数量不多。

1. 铁器文物出土的预处理

根据铁器的腐蚀机理和锈蚀构造，出土铁器文物的预处理程序一般为：

（1）观测记录。

采取必要的手段，如摄影、测量等，以记录下该器物的出土原貌。

（2）检测腐蚀程度。

在保护一件出土铁器以前，首先要检测它的腐蚀程度，以便为下一步的保护措施提供依据。铁器的锈层一般较厚，组织松散无规则，仅凭肉眼是不能判断锈蚀的程度的。检测铁器锈蚀程度的方法有：

第一，X 射线法。目前最好的检测方法就是采用 X 射线法。X 射线的穿透能力和物质密度有关，铁基体和各类锈蚀物的密度是不同的。通过 X 射线可以清楚地知道锈蚀的分布和范围，并能看出锈蚀孔洞的深度，还可以探明锈层下面的器物纹饰或文字。

第二，探针法。刚出土的铁器，锈蚀严重，无法明晰内部铁芯的情况，此时起取要极为慎重，可用一根细探针逐段、逐片向下刺探，既可以探明锈层的厚度，还可以了解铁芯的坚牢程度以及锈层下面是否有纹饰或镶嵌物。

第三，磁性测量法。金属铁的最大特点是具有磁性，而铁的腐蚀物没有磁性。通过用磁铁测试铁器的磁性，可以了解铁器的腐蚀程度和区域分布等。

第四，密度测定。金属铁在标准状况下的密度为 $7.86g/cm^3$，而铁的氧化物在 $4.90 \sim 5.24g/cm^3$ 之间，铁的氯化物的密度则更小。如果铁器的密度在 $6.5g/cm^3$ 以上，可以断定锈层较薄；如果密度在 $2.5g/cm^3$ 以下，可以断定铁器已经完全腐蚀。

第五，HNO_3—$AgNO_3$ 溶液测氯。检测锈蚀层中是否含有氯化物非常重要，因为氯化物会加剧已经锈蚀的铁器继续反应。如器物表面有氯化物，在潮湿的环境中，就会渗出棕色水珠。也可以先将器物在蒸馏水中加热浸泡，取出浸泡液，加几滴 $2mol/L$ 的 HNO_3 溶液，均匀摇动使之酸化，再加入几滴 $0.1mol/L$ 的 $AgNO_3$ 溶液，若有白色絮状物沉淀出现，则说明含有氯化物。如果 $AgNO_3$ 的加入量大于 $2ml$ 仍然没有沉淀出现，即可认为锈蚀中不含氯化物。

（3）强制干燥。

铁锈本身容易吸潮，出土后的铁器必须及时干燥，以防止铁器在空气中继续腐蚀。干燥处理方法有三种：

一是高温干燥。在恒温干燥器中，用 105℃的温度干燥铁器 2 小时左右。这种方法简便易行。

二是紫外线干燥。在 105℃温度下用紫外灯光干燥。如果铁器有木质、纤维等附着物时，温度应在 $40 \sim 60℃$ 范围内慢慢干燥，以免损伤附着物。

三是物理化学吸附干燥。在密封的容器里放入铁器，用变色硅胶吸水。这样虽然处理时间很长，但安全可靠，对铁器绝无损害，变色硅胶可以重复使用。

2. 铁器文物除锈

铁器上的有害锈主要是氯化物 $FeCl_2$、$FeCl_3H_2O$、$FeCl_3.6H_2O$ 和铁器上酥松锈蚀 $\gamma - FeO(OH)$。铁器文物除锈主要有以下五种方法：

（1）机械除锈法。先用刀子、凿子、锤子、剔针、钢丝刷等金属工具剔、凿、拨、挑、锤、震去除铁器表面较厚的锈层和锈块。对于较硬的锈层可以用煤油和石蜡调成的糊状物，涂敷在腐蚀铁器的表面软化铁层，然后剔除。

（2）试剂除锈法。

第一，弱酸溶液除锈。常用除铁锈的溶液有醋酸、柠檬酸、草酸等弱酸和碳酸钠、柠檬酸铵、草酸钠、醋酸钠、葡萄糖酸钠等弱酸盐。去锈液可用 10% 醋酸溶液，也可用 5% ~ 10% 柠檬酸液或草酸液，将铁器放入其内浸泡加热，当发生去锈反应时会出现沉淀物，应及时更换新鲜去锈液。去锈后可用氢氧化钠或碳酸钠稀溶液中和酸，并用蒸馏水洗净。柠檬酸钠、草酸钠、醋酸钠、葡萄糖酸钠等一些弱酸盐类，也可以用来除锈，使用浓度为 3% ~ 30% 之间。

第二，碱性溶液除锈。用 10%NaO 溶液浸泡铁器，去氯锈后可用蒸馏水清洗。

第三，水洗法。用蒸馏水浸泡铁器，一段时间用冷水，一段时间用 98℃的热水。这种冷热交替的清洗法可快速将氯锈去净。

（3）等离子体除锈法。等离子体除锈机，用以去除古铁锈。其原理是将铁的氧化物和氯化物还原成铁。所谓等离子体就是当气体电离后产生数量相等、电荷相反的离子和电子，这两种离子既相互吸引又相互排斥，存在于一个等离子的统一体中，等离子体呈电中性。在等离子体除锈机中，供气系统供出 H_2 等离子体，就可除去铁锈。用等离子体机处理过的铁器能保留器物原始表面上原有的痕迹和图案，这是用手工方法无法保留下来的。等离子除锈还不会引起器物结构上的变化。

（4）电化学去锈法。电化学去锈法分为电化学还原和电解还原两种方法。

第一，电化学还原。采用锌皮或铝皮包在铁器的表面，置于 10% 氢氧化钠溶液中，并适当加热以加速反应，直到没有气体逸出为止，取出器物用蒸馏水冲洗干净，除去残渣，如此反复。由于在反应中会有大量的刺激性气体产生，所以此法一定要在通风橱中进行。

第二，电解还原。电解还原去锈法就是用被处理的铁器作为阴极，用不锈钢作为阳极，以 10% 氢氧化钠溶液作电解液，通入直流电，控制电压和电流密度进行除锈。

（5）激光除锈。激光除锈机理主要是基于物体表面污染物吸收激光能量后，或汽化挥发，或瞬间受热膨胀而克服表面对粒子的吸附力，使其脱离物体表面，进而达到清洗的目的。大致包括激光汽化分解、激光剥离、污物粒子热膨胀、基体表面振动和粒子振动四个方面。

3. 铁器文物缓蚀封护

出土的铁器文物经过干燥后，经检测无有害锈的情况下，即可使用缓蚀剂来进行缓蚀处理。存在有害铁锈的，先进行除锈处理，然后再进行缓蚀封护。铁器缓蚀处理是指通过化学方法在铁器的表面形成一层致密的保护膜，以隔绝 O_2、SO_2、H_2O、O_3 等有害气体及霉菌、灰尘等污染源，同时这层保护膜不能影响文物的质感和外观。这层膜又叫钝化膜，铁器表面生成完整的钝化膜的过程叫作钝化过程。铁器缓蚀剂要求无色透明、常温下干燥并且涂层要薄、耐气候性和老化性要好、有较强的附着力、对人体和环境无公害等。

丙烯酸树脂无色透明，使用方便，常温下固化迅速，耐光、耐热，耐腐蚀，在大气中及紫外线照射下不易发生断链、分解、氧化等化学变化。因而丙烯酸涂料能有效地防止大气中的有害物质腐蚀文物，能基本上使文物保持原有的面貌，如果封护膜长期暴露在空气中遭到破坏后还可以重新涂刷。

4.铁器文物的加固与黏结

对于脆弱的铁器，因强度小而不利于保存和展出，可用合成树脂来渗透加固，如用30% ~ 40%丙烯酸酯类乳液浸渗，通常采用降压渗透法（10 ~ 20mm汞柱）。如树脂浓度较高，可能会在器物表面留下光泽，这时可在器物表面裱上吸水能力很强的美浓纸或滤纸，纸层可以吸附器物表面多余的树脂而不在器物表面留下光泽，可以保持艺术品的原有风貌。破碎成碎块的铁器需要整形时，可用黏合剂（如硝基纤维素、环氧树脂等）拼对黏结。整形时，常在一细砂箱中进行，以便使各个残片按照需要的角度保持其形貌，待黏合剂干燥后黏结即可告成。腐蚀较轻的残片还可用软焊锡焊接。

（三）金银器文物的保护

金银器通常指金质或银质的器物，有装饰品、生活用品、货币等类。金银器文物稀有贵重、造型多样、光泽美丽、工艺精湛，是文物中的精品。据史书记载，我国在殷商时代就有淘金和加工工艺。殷墟中出土重达50g的金块，还有反复锤打加工的金箔。春秋战国时期我国金银器制造工艺水平十分精湛。唐代出现的金银器数量较多、品种齐全，如壶、碗、杯、铛、盘等餐具，盒、盂、炉等用具，簪、环、镯、坠等饰品等。形体之庞大，数量之繁多，技艺之精湛，在国内考古发现中实属罕见。其中绝大多数都是国家一级文物，如八重宝函、鎏金银熏炉、金银丝结条笼子、鎏金银龟等。金银器文物有的纯度很高，但也有的是以合金形式出现，因而性能也各不相同。对于金银器的保护应区别对待。

1.纯金文物的保护

发掘出土的纯金器物，体质很柔软，通常与泥垢、石英和沙砾等结合一起，金质并没有被腐蚀。但观察到的器物表面往往覆有红色锈，这是由于地下铁的氧化或者埋藏地点附近铁器氧化的影响，很容易清除。第一，去除金器表面石灰质沉积物，可用一根棉签蘸5%稀HNO_3作局部涂布来去除；第二，去除金器表面有机类的污垢，可用 2% 的 NaOH 溶液浸泡几分钟，使其软化酥解，再用牙签、软刷或剔刀小心除去；第三，去除金器表面灰尘，可用软毛刷刷除，也可用乙醚、苯、中性肥皂液或 10% 氨水洗涤，随后用蒸馏水洗净烘干。

2. 合金文物的保护

古代金器文物中掺少量 Ag、Cu、Fe 等成分是为了增加金体的硬度和耐磨性，但也改变了金的性能和颜色，产生了腐蚀的可能性。如 Au—Cu 合金会出现绿色的铜锈，Au—Fe 合金会出现红色的铁锈。对金的合金制成的文物，应根据渗入金属的种类进行针对性的处理。常用氨水或者酸类除去绿色的铜锈，用 HCl 去除红色的铁锈。由于金化学性质的稳定性，酸、碱、盐等溶剂除锈后对金质不会造成损伤。

3. 鎏金文物的保护

鎏金文物就是指以其他金属和材料做内胎，在其外覆盖一层金质材料的文物。鎏金文物出土和传世的数量是较多的。对于鎏金文物，胎质比外层更容易腐蚀，所以处理方法必须谨慎。尤其不能用还原方法进行处理，因为锈蚀产物的还原金属会覆盖到鎏金表面上，有损器物的外观和价值。

例如处理损坏的青铜鎏金文物，可以使用碱性酒石酸钾钠溶液来清除锈层。如果鎏金层的腐蚀物夹杂在中间，就只能用机械方法来去除了，即在双筒显微镜下，用钢针挑除锈蚀物，当露出鎏金层时，就用 1% 的稀 HNO_3 将其表面进行清洗，但要谨慎耐心，防止鎏金层脱落。保护鎏金文物，稳定胎质是一种非常必要的手段，通常的方法是采用青铜或铁的缓蚀剂来防止胎质的腐蚀病变。也可以使用较稀的高分子材料从边缘的缝隙中灌入，从而加固鎏金层和胎质，起到保护的作用。

4. 银器文物的保护

银具有比较好的化学稳定性，但仍然存在着不同程度的腐蚀现象，影响了文物的艺术价值和历史价值。银器的腐蚀与保存环境密切相关银的腐蚀物主要有 AgCl、Ag_2O、Ag_2S 等。

（1）银的氯化腐蚀。埋藏在潮湿的含有氯盐的土壤中，银的表面即转化成 AgCl（角银），是一种类似于泥土状的黏附物，微带褐色或紫色。腐蚀的过程中常伴有体积膨胀、强度下降和颜色发生变化等现象。如果银器氯化不严重，只在表面生成薄薄的 AgCl，AgCl 呈现出的一种悦目的古斑，增加了器物的艺术魅力，是年代久远的象征，一般不必去除。

（2）银的氧化腐蚀。银在空气中一般不会氧化，紫外光作为外加能源时，既可促使银离子化，加速银与腐蚀介质的反应，也可以分解氧气分子，产生活化态的氧，活化态的氧和离子化的银一起反应形成氧化银。

（3）银的硫化腐蚀。银与活化态的 O、O_3、H_2S 同时存在的情况下，生成发黑的 Ag_2S，银器失去光泽而变暗。在银器表面上的黑色 Ag_2S 薄膜虽然不足以观赏，但性质比较稳定，可以减缓银的进一步硫化。如果银的硫化过程严重，器物变得又黑又脆，银本体便不复存在。

二、石质文物保护

石质文物受地下埋藏环境的污染或地表风化因素的影响，会发生粉化、变色、生霉、酥碱破裂、蚀孔等。因此仅进行必要的灌浆修补加固是不够的，还需要采取表面封护等保护措施，以延长石质文物的寿命，减缓风化过程。对石质文物进行保护处理一般应遵循以下原则：①只有在十分必要的情况下，才能对文物实施保护性处理；②不改变文物的本来面貌，保持石质文物表面的美观；③兼具有效性和持久性；④保护材料具有可逆性，以便将来再处理；⑤符合生态要求，在选择保护材料的同时，必须考虑施工条件和对周围环境的影响。

（一）石质文物的清洁

石质文物因其材质特殊，易受多种污染物侵蚀，因此在清洁过程中需细致分类、科学处理。

石质文物表面常见的一般性污染物，诸如尘土、烟垢及生活垃圾等，多可通过水洗的方式进行有效清除。水洗时，应先用普通水进行初步洗涤，以去除大部分附着在文物表面的污垢。随后，应换用蒸馏水或去离子水进行深度清洁，以确保文物表面不留任何化学残留。在此过程中，须每日更换清洗用水，以保持水质的纯净度，避免二次污染。⑤

在某些情况下，若水洗无法彻底清除污物，可考虑使用专用的化学溶剂进行辅助清洗。然而，在选择化学溶剂时，必须确保其不会对石质文物造成损害，且使用后应彻底冲洗干净。

1. 雨迹水痕的清洗

雨迹水痕是石质文物常见的污染现象，多由于雨水中的矿物质沉积或长期水

---

⑤ 黄克忠. 石质文物保护若干问题的思考 [J]. 中国文化遗产，2018(04)：4-12.

渍造成。针对此类污染，可采用专用的清洁剂进行擦洗，以去除水痕中的矿物质和污渍。在清洗过程中，应注意控制清洁剂的浓度和使用时间，避免对文物造成不必要的损害。

2. 油烟菌类的清洗

油烟和菌类污染是城市环境中石质文物面临的常见问题。油烟会在文物表面形成一层难以清除的油垢，而菌类则可能引发文物表面的霉变和腐蚀。针对这类污染，应选用具有去油除菌功能的清洁剂，并结合软质刷具进行轻柔擦洗。清洗后，应及时用清水冲洗干净，并确保文物表面干燥，以防止菌类再次滋生。

3. 苔藓等低等生物的清洗

苔藓等低等生物常在潮湿环境中生长于石质文物表面，不仅影响文物的美观，还可能对文物造成结构性损害。在清洗这类污染时，应先使用软刷轻轻去除表面的苔藓层，再选用适当的生物清洗剂进行深层清洁。清洗过程中应注意保护文物的细节部分，避免刷具对其造成损伤。清洗完成后，应对文物进行全面检查，确保所有生物污染已被彻底清除。

（二）石质文物的脱盐

石质文物的脱盐处理是文物保护工作中的一项重要环节。由于石质文物在长期的埋藏或展示过程中，往往会吸收和积聚各种盐分，这些盐分在条件变化时可能引起文物的损害，如盐析、结晶等。因此，针对不同种类的盐分，需要采取相应的脱盐措施。

1. 脱可溶性盐类石质文物

可溶性盐类，如氯化钠、硫酸钠等，常因地下水或潮湿环境的渗透而进入石质文物内部。这些盐分的存在不仅会导致文物表面泛白、剥落，还可能引发更深层次的损害。对于这类文物的脱盐处理，通常采用水溶液浸泡法。首先，需要将文物浸泡在蒸馏水或去离子水中，通过水分子的渗透和溶解作用，将盐分从文物内部置换出来。这一过程中，需要定期更换浸泡液，并逐步降低浸泡液的盐分浓度，直至达到脱盐的目的。此外，也可以采用纸浆贴敷法，将含有适量水分的纸浆贴在文物表面，利用纸浆的吸湿性将水分吸出。

2. 脱硅酸盐类石质文物

硅酸盐类盐分在石质文物中较为常见，其形成多与石材的原始成分和地质环境有关。硅酸盐的结晶和膨胀可能导致文物开裂和变形。针对硅酸盐的脱盐处理，可以采用化学方法。例如，使用稀酸溶液（如稀盐酸）对文物进行浸泡或涂刷，通过与硅酸盐发生化学反应生成可溶性的盐类，进而达到脱盐的效果。但需注意，化学方法的使用应严格控制酸液的浓度和处理时间，以避免对文物造成过度腐蚀。

3. 脱碳酸盐类石质文物

碳酸盐类盐分，如碳酸钙、碳酸镁等，在石质文物中的存在也较为普遍。这些盐分在环境湿度变化时容易发生溶解和重结晶，从而对文物造成损害。对于碳酸盐类的脱盐处理，可以采用物理方法与化学方法相结合的方式进行。物理方法主要是通过机械清除文物表面的盐结晶；而化学方法则是利用酸性溶液与碳酸盐发生反应，生成易溶于水的盐类，再通过清洗将盐分去除。在处理过程中，应特别注意保护文物的原始风貌，避免造成不必要的损伤。

4. 脱多孔类石质文物

多孔类石质文物，如石灰石、砂岩等，由于其内部孔隙众多，更易吸收和积聚盐分。对于这类文物的脱盐处理，需要综合考虑文物的材质、结构和盐分种类。一般来说，可以采用水溶液浸泡与超声波清洗相结合的方法。首先，通过水溶液浸泡将文物内部的盐分溶解出来。随后，利用超声波的振动作用进一步清除孔隙中的残留盐分。此外，也可以考虑使用专业的脱盐剂或吸附剂，以提高脱盐效果。在处理多孔类石质文物时，应特别注意保护文物的孔隙结构，避免造成结构性破坏。

（三）石质文物的封护加固

石质文物的封护加固是文物保护领域中的一项关键技术，旨在通过特定的材料和工艺，增强文物石材的耐久性，防止进一步的风化和损坏。以下是对几种常用的石质文物封护加固方法的详细阐述：

1. 微晶石蜡封护法

微晶石蜡封护法是通过将微晶石蜡加热至液态，然后均匀涂抹在石质文物表面，形成一层保护膜。这种方法操作简单，成本较低，且微晶石蜡具有良好的耐水性和耐候性，能有效隔绝外界水分和污染物的侵蚀。然而，微晶石蜡封护法也存在一定的局限性，例如，它可能改变文物表面的色泽和质感，且长期效果有待进一步验证。

2. 有机硅氧烷封护法

有机硅氧烷材料因其优异的耐候性、耐水性和耐化学腐蚀性，在石质文物封护加固中得到了广泛应用。

有机硅氧烷聚合物特性：有机硅氧烷聚合物具有独特的硅氧键结构，赋予其极高的稳定性和柔韧性。此外，这类聚合物还具有良好的透气性和防水性，能够有效保护石材免受水分和污染物的侵害。

聚有机硅氧烷封护加固：通过将聚有机硅氧烷涂刷或喷涂在石质文物表面，形成一层坚韧的保护膜。这层膜不仅能够有效阻挡外界的有害因素，还能在一定程度上修复石材的微裂纹，提高文物的整体强度。

有机硅氧烷单体——纳米材料封护加固：近年来，纳米技术逐渐被引入到石质文物保护领域。通过将有机硅氧烷单体与纳米材料相结合，可以形成更加致密且均匀的保护层。这种纳米级的封护层不仅具有更强的耐候性和耐腐蚀性，还能显著提高石材的硬度和耐磨性。

3. 氢氧化钡封护法

氢氧化钡封护法主要是利用氢氧化钡与石材中的酸性物质发生中和反应，生成难溶性的盐类，从而填充石材的孔隙和裂纹。这种方法对于防止石材进一步风化具有一定的效果，但需要注意控制氢氧化钡的浓度和处理时间，以避免对文物造成不必要的损害。

4. 氢氧化钙封护法

与氢氧化钡类似，氢氧化钙也可以与石材中的酸性物质发生反应，生成难溶性的盐类。不过，氢氧化钙的碱性相对较弱，对石材的腐蚀性较小。在实际应用中，氢氧化钙封护法通常与其他方法结合使用，以达到更好的保护效果。

5. 聚甲基丙烯酸酯减压浸透封护法

聚甲基丙烯酸酯是一种高分子聚合物，具有良好的渗透性和成膜性。通过减压浸透的方式，可以将这种聚合物深入渗透到石材的内部，形成一层坚韧的保护网。这种方法不仅能够增强石材的强度，还能有效阻止水分的渗透和污染物的侵入。

6. 微生物转化法

微生物转化法是一种新兴的石质文物保护技术。通过利用特定的微生物菌株，将石材中的有害物质转化为无害或低毒的物质。这种方法具有环保、可持续的优点，但目前仍处于研究阶段，需要进一步验证其长期效果和安全性。

7. 其他材料封护法

除了上述方法外，还有许多其他材料和技术可用于石质文物的封护加固，如环氧树脂、聚氨酯等高分子材料，以及电化学保护、激光修复等先进技术。这些方法和材料各有优缺点，需要根据文物的具体状况和保护需求进行选择和应用。

（四）石质文物的黏结修补

石质文物出土时破碎、残损器物的黏结，通常采用 GJ301 快干胶，三甲树脂、热熔胶、聚醋酸乙烯酯、聚甲基丙烯酸酯类材料，丙酮稀释黏结。黏结方法是先洗净要黏结的断面，待半干后，合对断面，对好后轻轻用力片刻，固定放置使其固化即可，用小刀剔除或用丙酮擦去挤出之余胶。采用上述胶黏剂不仅黏结效果好，而且可逆性强，万一黏结时断面未接好而有错面时，可以用丙酮浸泡溶解胶黏剂，然后重新对接胶粘。

石质文物有部分残缺时，需要修补。常用修补剂有：纤维素加熟石膏、颜料；丙酮、乙酸戊酯混合，10% 硝基纤维素，拌 300 目白砂粉，调成油质膏；以丙酮、聚醋酸乙烯酯乳液加岩石粉及无定形二氧化硅、颜料，调成修补膏。刮填修补石器的黏结缝和残缺面，干燥即可。

第三节　陶瓷砖瓦类文物保护

一、陶瓷文物的保护

陶瓷文物在出土前，多在地下埋藏数百年乃至数千年，由于陶瓷文物本身脆性大，加之年代久远，出土时大多都已破碎成片，而且充满各种污染物。因此，出土陶瓷文物一般都须经过修复处理，然后才能入馆保藏。陶瓷文物的保护管理技术一般都经过清洗、拼对、黏结、补配、加固等步骤。

（一）陶瓷文物的清洗

陶器文物作为历史的见证，承载着丰富的文化信息。然而，长时间的埋藏和保存过程中，这些珍贵的文物往往会受到各种污染物的侵蚀。在陶器文物保护工作中，清洗是一个至关重要的环节，旨在去除附着在陶器表面的污染物，恢复其原貌，为后续的保护和修复工作奠定基础。

1. 陶器文物的清洗

出土陶器文物所面临的污染物主要有三大类：一是可溶性盐类，这些盐分可能来源于土壤或地下水，通过渗透作用进入陶器内部；二是钙类、硅类难溶物，这类物质通常以结壳或沉积的形式覆盖在陶器表面；三是腐败物，主要包括食物残渣和有机物的分解产物。针对这些污染物，下面将分别探讨其清洗方法。

（1）可溶性盐类清洗。

可溶性盐类的清洗是陶器文物保护的首要步骤。这些盐分在潮湿环境中容易溶解，并在干燥时重新结晶，从而对陶器造成损害。清洗时，应根据陶器的不同类型采取不同的策略。

对于素陶，由于其表面没有彩绘或釉层，可以直接采用去离子水浸泡的方式进行清洗。通过定期更换浸泡液，并逐步降低盐浓度，可以有效去除陶器内部的可溶性盐类。

彩陶和彩绘陶器的清洗则需要更为谨慎。这些陶器表面覆盖有色彩丰富的图案，因此在清洗过程中必须避免对彩绘层造成损害。可以采用纸浆贴敷法或湿布擦拭法，通过吸附作用去除盐分，同时减少对彩绘的破坏。

釉陶的清洗同样需要细致处理。釉层虽然能起到一定的保护作用，但在清洗过程中仍需注意避免釉面损伤。可以使用软毛刷轻轻刷洗，并结合去离子水冲洗，以去除附着在釉面上的盐分。

（2）钙类、硅类难溶物清洗。

钙类、硅类难溶物通常以结壳或沉积物的形式存在，对陶器的外观和保存状态造成显著影响。这类污染物的清洗相对复杂，需要根据具体情况选择合适的清洗剂和工具。

常用的清洗剂包括稀酸溶液（如稀盐酸、稀醋酸等），这些酸液能够与钙类、硅类难溶物发生化学反应，使其转化为可溶性的盐类，从而便于清洗。然而，使用酸液时必须严格控制浓度和处理时间，以免对陶器造成过度腐蚀。

除了化学清洗外，还可以采用机械清洗的方法。使用细砂纸、竹刀或硬质塑料刮刀等工具，可以轻轻刮除陶器表面的结壳和沉积物。但需注意操作力度和角度，以免划伤陶器表面。

（3）食物腐败物、烟熏污迹清洗技术。

食物腐败物和烟熏污迹是陶器文物中常见的有机污染物。这些污染物不仅影响陶器的美观度，还可能滋生微生物，对陶器造成进一步损害。

针对食物腐败物，可以采用有机溶剂（如乙醇、丙酮等）进行清洗。这些溶剂能够有效溶解有机物，同时不会对陶器造成明显损害。但需注意溶剂的挥发性和毒性，确保操作环境的安全。

对于烟熏污迹，由于其成分复杂且难以完全去除，因此清洗难度较大。可以采用氧化还原剂（如过氧化氢等）进行处理，通过化学反应将烟熏污迹转化为无色物质。然而，这种方法可能会对陶器表面造成一定影响，因此需谨慎使用。

2. 瓷器文物的清洗

清洗瓷器的方法很多，常用的方法有：①清水去尘、除泥。对残片上的泥土、灰尘和旧缝中存有的黄、黑垢迹，可用清水、洗洁精、漂白粉等浸泡，用刷子、竹签、刀子手工清洗。②机械去污。对有些坚硬的附着物用小型超声波清洗或电动刻字笔等清洗。③化学去污。瓷器上的 $CaCO_3$、$MgCO_3$ 等盐类物质可用 5% ~ 10% 的稀盐酸、甲酸或醋酸等清洗。

在上述清洗过程中，必须注意的问题：①无论采取何种清洗方法，均应以不伤害文物为基本原则。无此把握的方法必须先经过试验，取得满意效果后再使用。②陶器的质地较酥松，且吸水率高，故需尽量减少用水量及其他有害溶液的浸泡。对风化严重的低温陶器和彩绘陶器，严禁采用水洗方法，酸液除垢浓度也要低。③清洗瓷器的釉上彩时需格外小心，因其年深日久极易剥落，有的对酸液敏感，易被腐蚀掉色。④陶瓷文物并非清洗得越干净、越彻底越好。相反，有些器物上的异物应予以保留或保护：凡黏附在器物表面的各种历史遗迹应予以保留，如丝麻织品或其他印痕以及必要的各类锈蚀等；既有年代特征，又能反映品种特点的锈蚀应予以大部分保留，如汉代的所谓"银釉"；在不影响观看和鉴赏的基础上，应在不重要的部位上保留少部分能反映文物年代特征的各类锈蚀。

（二）陶瓷文物的拼对与黏结

1. 陶瓷文物的拼对

陶瓷文物拼对的目标是将因各种原因破碎的陶瓷片准确地拼合在一起，恢复其原始的形态。这一过程需要修复者具备丰富的经验、细致的观察力和精准的判断力。

拼对工作的第一步是对陶瓷碎片进行详细的分类和整理。根据碎片的形状、颜色、质地以及断裂面的特征，将它们分组并编号，以便于后续的匹配工作。在分类的过程中，特别需要注意那些具有特征性纹饰或图案的碎片，它们往往是拼对的关键线索。

接下来是具体的拼对过程。通常，修复者会从具有明显特征的碎片开始，如带有特殊图案或文字的碎片，逐步向外扩展，寻找与之相匹配的相邻碎片。每一块碎片都需要经过多次比对和微调，确保其与其他碎片在形状、线条和图案上完美吻合。

在拼对过程中，还需要特别注意保护陶瓷碎片的边缘，避免因操作不当而造成二次损伤。同时，对于一些细微的裂纹或缺口，也需要进行精细的填补和修复，以确保拼对后的陶瓷文物在外观上的完整性和美观性。

2. 陶瓷文物的黏结

黏结是陶瓷文物修复中的关键环节，它直接影响到修复后文物的稳定性和展示效果。根据陶瓷文物的破损程度和修复需求，黏结方法主要分为以下三种：

（1）直接对粘法。直接对粘法适用于断裂面干净、平整且较大的陶瓷碎片。在黏结前，需要对断裂面进行清洁处理，去除表面的污垢和杂质。然后，使用专用的陶瓷黏合剂，将碎片按照拼对好的顺序逐一黏结起来。这种方法要求修复者具有较高的操作技巧和精准度，以确保黏结后的陶瓷文物在结构上稳固且外观上无明显瑕疵。

（2）灌注黏结法。对于一些内部空虚或具有复杂结构的陶瓷文物，如壶、瓶等，灌注黏结法是一种有效的修复方法。首先，需要将陶瓷碎片进行临时固定，确保其位置准确无误。然后，从文物的底部或侧面注入专用的黏合剂，使其充满文物内部的空隙。这种方法不仅能够增强文物的结构稳定性，还能有效填补内部的空缺和裂纹。

（3）快速黏结法。快速黏结法主要用于应急修复或临时固定陶瓷碎片。它使用的是一种快干型黏合剂，能够在短时间内达到较高的黏结强度。这种方法适用于展览前或运输过程中对陶瓷文物进行快速修复的情况。然而，由于快干型黏合剂的某些性能限制，这种方法通常不建议用于长期保存或高要求的修复项目。

（三）陶瓷文物的补救与加固

1. 陶瓷文物的补配

若一件陶瓷器的破损部位不存在了而不能通过黏结将其形体完全复原，此时就需要对其进行补救修复。常用材料有石膏粉、水泥、聚醋酸乙烯乳胶、钛白粉、滑石粉、虫胶清漆、丙烯酸清漆、白炭黑及环氧树脂黏合剂等，应根据修复对象、要求等的不同选择其中的某些材料进行配方。补配的主要方法有填补、塑补和模补三种。此外，还有陶补法、瓷补法及插接法等。

2. 陶瓷文物的加固

陶瓷器物的加固分为机械加固和黏结加固两类。前者是指陶瓷文物在运输与展览过程中的保护性加固，多用于大型器物或易损器物。后者是利用黏合剂或涂料的连结力及其固化物的性能来提高器物表面或局部的牢度、强度和硬度。既可起到保护性、预防性作用，又可防止风化器壁及剥落彩绘和釉层的继续风化和剥落，应用较为广泛。根据不同对象，常用的加固方法有：喷涂加固法、滴注加固法、浸泡加固法和玻璃钢加固法。

（1）喷涂加固法。喷涂加固法主要适用于陶瓷器物表面微小裂纹的加固和整体强度的提升。这种方法通过专用的喷涂设备，将加固剂均匀喷涂在陶瓷表面。加固剂通常选用与陶瓷材质相容性好的高分子材料，如聚醋酸乙烯酯或丙烯酸树脂等。喷涂后，加固剂会渗透至陶瓷的微裂纹中，形成一层坚韧的薄膜，从而有效提高陶瓷的整体强度，并阻止裂纹的进一步扩展。在喷涂过程中，需严格控制喷涂的厚度和均匀性，以避免影响陶瓷的外观和造成不必要的应力集中。

（2）滴注加固法。滴注加固法多用于处理陶瓷器物上较为明显的裂缝或断裂部位。该方法使用专用的滴注工具，将流动性较好的加固剂缓慢滴入裂缝中，使其充分填充并渗透到裂缝的深处。加固剂在裂缝中固化后，能够显著增强裂缝处的结构强度，防止裂缝进一步扩大。在选择加固剂时，应考虑其与陶瓷的黏结强度、耐老化性能以及固化后的体积稳定性等因素。

（3）浸泡加固法。浸泡加固法适用于整体结构较为脆弱或存在多处微小损伤的陶瓷器物。通过将陶瓷器物浸泡在加固剂溶液中，使加固剂充分渗透到陶瓷的内部和表面的微裂纹中。经过一段时间的浸泡后，加固剂会在陶瓷内部形成一层均匀的增强层，从而提高陶瓷的整体强度和稳定性。浸泡加固法的关键在于选择合适的加固剂以及控制浸泡时间和温度，以确保加固效果的最大化。

（4）玻璃钢加固法。玻璃钢加固法是一种较为先进的加固技术，特别适用于大型或结构复杂的陶瓷器物。该方法利用玻璃纤维和树脂的复合材料，在陶瓷器物的表面或内部形成一层坚固的玻璃钢结构。这种加固方式不仅能显著提升陶瓷的结构强度，还能有效防止外力对陶瓷造成进一步损伤。在实施玻璃钢加固时，应根据陶瓷器物的形状和尺寸定制专用的玻璃钢模具，并确保玻璃钢与陶瓷之间的粘结牢固可靠。

（四）陶瓷文物的做色与做旧

1. 陶瓷文物的做色

为了便于展览或其他需要，对某些陶瓷器需做色，这也是最难的一道工序。对于涂釉的部位和器物，做色往往还要与仿釉工作同时进行。做色首先应根据器物的原色，选择好颜料，可从色彩、遮盖力、着色力、黏度、比重、分散性能、耐旋光性、耐热性、耐酸碱性、耐溶剂性等方面考虑。其次应拟定做色方案，并根据方案，进行调色。最后着色，可根据不同情况，采取不同的着色方法，如喷涂法、刷涂法、擦涂法、勾画法、粘贴法、吹扑法等。

2. 陶瓷文物的做旧

出土的陶瓷器物由于长期埋藏在地下，受到地下的自然侵蚀，大多失去光泽，年代越久，光泽差异越大；有些瓷器表面有一层极薄的透明膜，俗称"蛤蜊光"，观其釉色有一种散光现象，如唐三彩上的"蝇翅纹"，就是其中的一类。对此，根据不同情况及需要分别采用压光法、抛光法或罩光法达到做旧目的。

（1）土锈：指由于陶瓷文物长期深埋地下，有些泥土变得坚硬板结，牢固地附着在器物表面，凝固成不同形状的土疤。可用扑撒法做旧：用"502"强力黏合剂或漆皮汁（虫胶酒精溶液）、清漆等喷在需要做锈的部分，然后将研好的黄土（发白的土锈可将黄土中加白粉子）撒在上面，干后即成土锈。也可将胶与泥浆混合，用牙刷弹、蹾、刷，做出点状或斑状土锈。

（2）水锈：长期埋在地下的陶瓷文物的表面多附着一些白色沉积物，多呈水痕形状，俗称水锈。它们的主要成分是 $CaCO_3$、$MgCO_3$ 盐类物质，有些还杂有 Fe_2O_3 等物质。水锈做旧可采用扑撒法，即：将清漆、漆皮汁，喷或刷在须做水锈的部位，然后将滑石粉或其他颜料粉末扑撒在上面，等涂层完全干燥后，清除干净浮粉即成。也可用复分解法，即在需要做水锈部位涂一层硅酸钠水溶液，待其干燥后，再用 5% 的稀盐酸在涂层表面刷涂一遍，盐酸遇硅酸钠后发生复分解反应，生成白色盐类物质并附在器壁上。还可用"502"黏合剂滴涂在须做水锈的部位上，胶液未固化前用水及时冲洗有胶部位，胶遇水后即泛白并固化。

（3）"银釉"：出土的铅绿釉器表面,常会发现一层有银白色金属光泽的物质,俗称"银釉"。它主要是处于潮湿环境，铅绿釉面受到轻微溶蚀，溶蚀下来的物质连同水中原有的可溶性盐类沉积下来的沉积物。这种"银釉"以汉绿釉陶器上最为常见，在唐三彩和其他彩釉器上有时也能见到。其做旧可采用清漆中加银粉刷喷的方法；也可采用云母粉硅酸钠溶液刷涂，然后再涂稀盐酸，硅酸钠与稀盐酸发生分解反应产生一层带云母光泽的盐类物质，反复几次即可出现银釉的效果；还可采用"银镜反应"制取出氧化银中的银，或用银箔中的银粉，然后用清漆调匀，喷刷在器物上。

陶瓷文物的日常保护主要是为其创造适宜的外部环境条件，包括建设一个选址科学、环境优美且无污染的库房建筑；控制好库房温、湿度，按我国制定的标准，温度应在 18 ~ 24℃，相对湿度应在 50% ~ 60%，且日变化幅度应分别不超过 5℃、5%；陶瓷器都易破碎，要避免碰撞；应保持库房干燥，以免陶器受潮；对各类彩绘陶器应当进行必要的表面加固等。

二、砖瓦类文物保护

砖瓦类文物作为建筑的重要组成部分，承载着丰富的历史和文化信息。然而，由于长期暴露在自然环境中，以及受到人为因素的影响，这些文物常常会出现各种病害，如污渍、尘埃、裂缝、残缺等。为了保护和修复这些珍贵的砖瓦文物，需要采取一系列专业的技术和方法。

清洗：清洗是砖瓦文物保护的第一步，目的是去除表面的污渍、尘埃等。根据污渍的性质和文物的材质，可以选择不同的清洗方法。一般来说，对于水溶性的污渍，可以采用水洗的方式；对于不易水洗的污渍，可以采用干洗或化学清洗。无论采用哪种方式，都需要注意保护文物的纹理和色彩，避免使用过于激烈的方式导致文物受损。

加固：对于出现裂缝、残缺等病害的砖瓦文物，加固是必要的一步。加固的目的是提高文物的强度和稳定性，防止其进一步损坏。常用的加固材料有专用加固剂、黏结剂等。这些材料应具有良好的渗透性和黏结性，能够有效地渗入砖瓦内部，填补裂缝和残缺部分，提高文物的整体强度。

防风化处理：砖瓦文物常常受到风化作用的影响，表现为表面剥落等。为了减缓风化速度，可以采用防风化处理。常用的防风化材料有防水剂、防盐剂等。这些材料能够增强砖瓦的耐水性和耐盐性，减少风化作用对文物的影响。

替换与修补：对于严重损坏的砖瓦文物，替换和修补是常见的修复方法。替换时，需要选择与原砖瓦材质、纹理、色彩相近的材料，以保证修复后的文物在外观上与原物相似。修补时，可以采用专用修补剂进行填补和磨平。修补剂的颜色和质地应与原砖瓦相匹配，以达到最佳的修复效果。

环境控制：除了上述直接的修复方法外，环境控制也是保护砖瓦文物的重要手段。保持文物存储环境的湿度、温度、光照等条件稳定，可以防止自然因素的侵害。同时，要定期对文物进行检查和维护，及时发现并处理病害。在展示和保存砖瓦文物时，还应避免过度曝光和触摸，以减少人为因素对文物的影响。

总之，砖瓦类文物的保护与修复需要综合运用多种技术和方法。通过清洗、加固、防风化处理、替换与修补以及环境控制等手段，可以有效地保护和修复砖瓦文物，延长其寿命，同时保持其历史和文化价值。

第四节　竹木漆器类文物保护

古代的竹木漆器长期在地下水中浸泡，含有大量的水分。由于材质经过水解、氧化、纤维素分解酶和微生物的作用，其大分子结构遭到破坏变为小分子材料，有些通过漆膜破裂处流失，有些则与水以氢键方式结合。水的浸入占据了原有的木质素、半纤维素和纤维素的位置，支撑着木材原有的外形结构，使器物出土后仍保持着原有的器形。

古代出土饱水竹木漆器由于制作工艺不同，使用材料的质量各异，加之出土前地下环境、出土时代的不同以及地区差异等方面因素的影响，因此不同的竹木漆器出土时的饱水情况及破坏程度也不相同。对此，只能根据不同的对象和情况，采用不同的脱水定形处理方法。

一、竹木漆器文物的干燥脱水

所谓干燥是指将饱水竹木漆器的含水量降到对器物本身无害的标准，并非不含任何水分。

（一）自然干燥法

自然干燥法就是将饱水器物密封在一个湿度比较小的环境中，使器物内部的水分极其缓慢地蒸发，以达到脱水的目的。具体的做法可将饱水器物放在干燥沙子中、密封的玻璃器皿内或用塑料薄膜包裹放在地下室阴干。这些方法简单易行，特别适合于质地较好、含水量不是很高的器物。对那些体积大、材质厚的器物，也只能用自然干燥法，但要注意定期检查，一旦发现干裂、霉变或腐烂时要及时处理。

（二）硅胶干燥法

硅胶是无色半透明至乳白色的固体，多制成颗粒状，无臭，无腐蚀性，不溶于水。硅胶空隙率为70%，吸湿能力为自重的30%。硅胶可分粗孔、细孔、原色、变色等类，粗孔硅胶吸湿速度快，易饱和；细孔硅胶吸湿速度慢，但维持的时间长。一般在文物保护上都用变色细孔硅胶。变色硅胶为蓝色颗粒，所以根据硅胶颜色的变化可以判断吸水程度。

硅胶干燥法就是将小型竹木器物与硅胶密封在同一个玻璃干燥箱内，利用硅胶的吸湿性来吸附器物内的水分，硅胶要不断更换。饱水硅胶经过干燥处理后还可以重新使用，硅胶干燥处理饱水器物的方法不仅操作简单，而且费用低廉。[6]

（三）加热真空干燥法

加热真空干燥法是在真空环境下控制影响木材内部脱水的三个主要因素，加热和减压都能提高蒸发速度，温度以 45 ~ 70℃为好。

（四）冷冻真空干燥法

将饱水器物放置于低温条件（— 40 ~ — 20℃或者更低）下冷冻，使器物内部的水分全部结成冰，然后在真空状态下使冰不经过液态情况下直接气化，变成水蒸气，再用真空泵将水蒸气抽出，从而使器物脱水。

（五）醇—醚联浸脱水法

醇—醚联浸脱水法此法由于脱水处理效果很好，所以被广泛采用。但需要有机溶剂的量较大，要做好防毒、防火措施，以防出现意外事故。国外的文物保护工作者在采用一种有机溶剂浸泡器物脱水后，再进行冷冻真空处理，使渗入器物内部的有机溶剂气化，也可使饱水器物脱水。

（六）超临界液体干燥法

超临界液体干燥是近年来迅速发展起来的一种新技术，此项技术也开始应用于饱水文物脱水。它是利用气体在临界温度以上无论加多大压力都不能液化的特

⑥ 方北松，吴顺清.饱水竹木漆器保护修复的历史、现状与展望 [J].文物保护与考古科学，2008，20（S1）：122-130.

性，控制饱水文物内部的液体在临界点之上，使气、液界面消失，在无液相表面张力情况下进行的干燥过程。

与前面五种传统脱水方法相比，超临界液体干燥法这种技术具有消除干燥应力、缩短处理周期、提高脱水效率、消除填充剂、降低对文物的远期损害等优点，还能使杀菌和干燥同时完成。这种技术虽然目前仍处在对小体积饱水文物干燥的探索性应用和针对具体干燥过程的经验积累阶段，但具有良好的发展前景。

二、竹木漆器文物的加固定形

加固定形是指在一定条件下使用一些有机或无机材料逐步渗入饱水器物内部起填充加固作用，使得饱水器物在脱水时能保持其外形的稳定。

（一）无机盐渗透法

利用明矾等无机盐在较高温度的水溶液中溶解度大的特点，将器物浸泡在无机盐的热水溶液中，使盐类逐步渗入器物内部起填充作用。但使用明矾填充后，由于空气中的温、湿度变化，可能有少量盐分析出，需要加以改进或结合其他方法并用。

（二）单体树脂浸透法

将饱水器物浸泡在单体树脂溶液中，因单体树脂液分子量小，渗透性强，可以很快渗入器物内部。

（三）聚乙二醇充填法

聚乙二醇（PEG）是一种水溶性的小分子聚合物，平均分子量在两百到几千不等，其机械强度一般随分子量的递增而加大，熔点也随之升高。PEG不受微生物的侵害，易溶于水和其他有机溶剂，无色无臭，蒸气压低，是一种稳定的水溶性聚合材料。用PEG溶液浸泡脱水过的竹木器，是目前国内外常用的一种方法，而且评价较高。在较高温度下，PEG在水中有较高的溶解度，所以可采用各种不同分子量、不同浓度的PEG水溶液浸泡或喷涂不同器物，使PEG渗入器物内部，从而起到加固作用。

PEG法的操作要点：先将待处理的器物进行表面清理，根据器物重量、尺寸、腐蚀情况选择不同平均分子量的PEG溶液进行处理；溶液的选择要由小分子量的PEG渐次过渡到大分子量的PEG，以便逐步缓慢填充。第一次处理用5%～15%

的 PEG400 溶液浸渍 2 ~ 3 周；第二次处理用 5% ~ 15% 的 PEG1500 溶液浸渍 2 ~ 3 月；第三次处理用 5% ~ 15% 的 PEG4000 溶液浸渍 6 ~ 12 月。此法浸透直到器物重量不变，溶液不能再渗入为止，最后进行真空冷冻法干燥。经过较严格的 PEG 浸渍和真空冷冻干燥的漆器，器形能得到良好的控制，漆膜与胎木之间渗入的 PEG 固体还有一定的黏结作用。为了防止漆膜受外界的温、湿度变化的影响而起翘卷曲，一般还需要对器物内外表面进行封护处理。

（四）蔗糖浸透法

采用蔗糖法对木质文物进行保护已经广泛使用，蔗糖浸透法最早是在 1903 年提出，现在得到各国研究学者的广泛认同。

蔗糖法的操作要点：蔗糖法的具体做法是：将器物在室温条件下放在 5% 的蔗糖溶液中，然后慢慢地升温至 50℃，且一直保持这种状态，每隔两个星期按 5% 的比例递增浓度至 45% 为止，不断地称量器物的重量直到器物的重量不再增加为止。然后按 10% 的比例递增浓度至 100%，两个星期后将器物从溶液中取出放在空气中进行自然干燥。

使用蔗糖法的注意事项：由于蔗糖是霉菌和害虫的营养体，尤其是在对蔗糖溶液进行加热的情况下糖溶液很容易滋生霉菌，这会给本已腐朽的文物带来致命的危害。因此在采用蔗糖法对饱水木质文物进行保护处理时，一定要选择合适的防虫、防霉措施，一般在处理过程中可在蔗糖溶液里加入适量的防霉剂。除蔗糖外还可使用葡萄糖水溶液和其他二聚糖，如麦芽糖、乳糖等。

三、竹木漆器文物的脱水加固综合法

综合法就是将几种脱水加固的方法综合起来使用，对于一些饱水器物往往能达到比较好的效果。

醇—乙醚—树脂法，此方法又叫溶剂填充法。对古代饱水竹简的脱水处理较好，这是因为若竹简腐烂程度很严重，仅采用溶剂法是不够的，还必须与树脂填充结合起来。所用树脂一般以天然树脂为主，如松香、乳香胶等。为了能使树脂渗入器物内部，浸泡液的树脂浓度必须由低向高增加（间隔时间视器物质地情况而定）。树脂的用量应控制在 10% 以下，常用的树脂量是浸泡液重量的 3% ~ 5%。加入过量的树脂会使浸泡液的黏度增大，影响渗透效果，反而达不到填充加固的作用。

冷冻—真空—树脂法，也是常用的一种综合法。当器物内部脱水和有机溶剂挥发以后，在真空状态下加入含有树脂的溶液，使树脂渗入器物内部，达到脱水加固的目的。

第五节　文物保护与利用的优化策略

文物保护与利用是一项具有深远意义的文化事业，承载着传统文化的传承和创新发展的重要使命。中华五千年悠久的文明历程孕育了众多宝贵的文物，是我们民族的历史记忆和文化瑰宝。[⑦] 然而，随着社会进步和经济快速发展，文物面临着前所未有的挑战和压力。迫切需要加强文物保护与利用的策略，以确保这些宝贵遗产在现代社会焕发出新的生命力。

一、文物保护与利用的意义

文物保护与利用在当代社会具有深远的意义，不仅关乎传统文化的传承与弘扬，还与经济社会的可持续发展紧密相连。

（一）促进传统文化的流传和弘扬

文物作为历史的物质遗存，承载着丰富的历史文化信息，是传统文化的重要载体。对文物进行科学有效的保护与利用，有助于传统文化的流传和弘扬。具体而言，文物保护能够确保历史信息的真实性和完整性，使后人能够通过文物直观地了解历史，感受传统文化的魅力。同时，通过展示和利用文物，可以激发公众对传统文化的兴趣和热爱，增强民族自豪感和文化认同感，从而推动传统文化的传承与发展。

在文物保护与利用的过程中，注重传统文化的内涵挖掘和价值诠释尤为重要。通过深入研究文物的历史背景、制作工艺、文化内涵等，可以更加全面地揭示文物的价值，使其成为连接古今、传承文明的重要桥梁。此外，借助现代科技手段，如数字化技术、虚拟现实等，可以创新文物的展示方式，使传统文化以更加生动、直观的形式呈现给公众，进一步促进传统文化的流传和弘扬。

（二）促进经济的有效长远发展

⑦ 曹帅. 文物保护与利用的优化策略研究 [J]. 文物鉴定与鉴赏，2024（02）：92-95.

文物保护与利用不仅具有文化价值，还蕴含着巨大的经济价值。合理开发和利用文物资源，可以成为推动经济社会发展的重要力量。一方面，文物保护与利用可以带动相关产业的发展，如旅游业、文化创意产业等。以文物为依托，开发具有地方特色的旅游产品和文化创意产品，可以吸引大量游客和消费者，从而创造经济效益，促进当地经济的发展。

另一方面，文物保护与利用有助于提升城市的文化品位和知名度。拥有丰富文物资源的城市，往往具有独特的历史文化底蕴和吸引力。通过科学规划和有效管理，可以将文物资源转化为城市的文化资本，提升城市的竞争力和影响力。这不仅有助于吸引外来投资和人才，还能促进城市经济的持续健康发展。

二、我国文物保护与利用面临的问题

文物保护与利用作为文化传承与发展的重要环节，其重要性不言而喻。然而，在我国当前的文物保护与利用实践中，存在一系列亟待解决的问题，这些问题不仅影响了文物保护的效果，也制约了文物资源的有效利用。以下是对这些问题的详细阐述。

（一）资金缺乏

资金是文物保护与利用的基础，然而，我国在这一领域的资金投入却显得捉襟见肘。一方面，文物保护需要大量的资金用于修缮、维护以及日常的管理和保护工作。但由于历史遗留问题和现实经济条件的制约，很多文物古迹并未得到足够的资金支持，导致其保护状况堪忧。特别是在一些经济欠发达地区，地方财政紧张，难以承担文物保护所需的高昂费用，这使得一些具有重要历史价值的文物古迹面临损毁的风险。

另一方面，文物利用同样需要资金支持，无论是文物展示、宣传还是旅游开发，都需要一定的资金投入。然而，由于文物保护的公益性质，其投资回报周期较长，难以吸引社会资本的大规模投入，这进一步加剧了文物利用的资金困境。资金缺乏不仅限制了文物利用的方式和范围，也影响了文物利用的效果和可持续性。

（二）保护与开发的矛盾

文物保护与开发利用之间存在着一定的矛盾关系。一方面，文物保护强调对文物古迹的原始状态和历史文化价值的保护，要求尽量减少对文物的干预和改变；另一方面，文物利用则希望通过开发文物资源，实现其经济、社会和文化价值的最大化。这种矛盾在实践中表现得尤为突出。

在文物保护方面，过度的开发往往会对文物造成不可逆转的损害，如游客的踩踏、触摸等行为会加速文物的风化、磨损，而一些商业性的开发活动更可能破坏文物的历史环境和文化氛围。同时，文物开发所带来的经济效益往往成为地方政府和开发商追求的目标，这在一定程度上忽视了文物保护的初衷和长远利益。

在文物利用方面，由于保护意识的缺失和短期经济利益的驱动，一些地方对文物进行了不恰当的开发和利用，如过度商业化、娱乐化等，这不仅损害了文物的历史文化价值，也影响了公众对文物的认知和态度。因此，如何在保护与开发之间找到平衡点，成为文物保护与利用领域面临的一大难题。

（三）技术瓶颈

文物保护与利用是一项技术密集型的工作，需要先进的技术手段来支撑。然而，我国在文物保护技术方面还存在一些瓶颈和问题。

一方面，文物保护技术需要不断研究和创新，以适应不同文物类型和保护需求的变化。然而，由于科研投入不足、人才匮乏等原因，我国在文物保护技术研发方面进展缓慢，一些先进的保护技术和管理理念尚未得到广泛应用。

另一方面，文物利用技术也面临挑战。随着科技的发展，数字化、虚拟化等新技术在文物展示和利用中的应用越来越广泛。然而，由于技术门槛高、投资大等原因，这些新技术在我国的推广和应用还相对有限，这使得文物利用的方式和手段相对单一，难以满足公众多样化的文化需求。

此外，文物保护与利用还面临着技术标准化和规范化的问题。由于缺乏统一的技术标准和规范，不同地区和机构在文物保护和利用方面存在较大的差异和不确定性，这不仅影响了文物保护的效果和可持续性，也制约了文物资源的共享和利用效率。

（四）文物利用不足

文物作为人类历史文化的重要遗产，其利用价值不言而喻。然而，在我国当前的文物利用实践中，却存在利用不足的问题。

一方面，由于文物保护意识的缺失和利用理念的滞后，一些地方对文物的利用仅停留在表面层次，如展示和游览等，而忽视了文物深层次的历史文化内涵和价值。这种浅层次的利用方式不仅浪费了文物资源，也影响了公众对文物的认知和兴趣。

另一方面，文物利用缺乏创新性和多样性。在当前的文物利用实践中，很多地方过于依赖传统的展示和游览方式，而忽视了新技术和新理念的应用。这使得文物利用的方式和手段相对单一，难以满足公众多样化的文化需求。同时，由于缺乏有效的市场推广和品牌建设，一些地方的文物资源并未得到充分的利用和开发，其经济和社会效益也未得到充分发挥。

此外，文物利用还存在地域和领域的不平衡问题。一些经济发达地区的文物资源得到了较好的利用和开发，而一些经济欠发达地区或偏远地区的文物资源则处于闲置或荒废状态。同时，不同领域的文物利用也存在差异，如古建筑、石窟寺等得到了相对较多的关注和利用，而一些近现代文物或非物质文化遗产则相对被忽视。这种不平衡的利用状况不仅浪费了文物资源，也影响了文物事业的全面发展和文化多样性的保护。

三、加强文物保护与利用的策略

针对我国文物保护与利用面临的问题，需要从多个维度出发，制定并实施一系列有效的策略，以确保文物得到妥善保护并得以合理利用。

（一）增加投资

资金是文物保护与利用工作的基石。为解决当前资金缺乏的问题，应从政府和社会两个层面入手，共同增加对文物保护与利用的投资。

从政府层面来看，应加大对文物保护的财政投入，设立专项基金，用于文物的修缮、维护、管理以及日常保护等工作。同时，政府还可以通过制定相关政策，如税收减免、资金补贴等，鼓励企业和个人参与到文物保护与利用中来。此外，政府还可以积极争取国际组织和外国政府的资助，为文物保护与利用提供更多的资金来源。

从社会层面来看，应拓宽文物保护与利用的资金渠道，吸引社会资本的投资。这可以通过制定优惠政策、提供投资指导、加强宣传推广等方式来实现。同时，还可以通过建立文物保护与利用的公益基金，接受社会各界的捐赠，为文物保护与利用提供稳定的资金支持。

在增加投资的过程中，应注重资金的合理分配和使用。应根据文物的历史价值、保护难度以及利用潜力等因素，制定科学的资金分配方案，确保每一笔资金都能发挥出最大的效益。同时，还应加强对资金使用情况的监督和审计，防止资金的滥用和浪费。

（二）培养专业人才

专业人才是文物保护与利用工作的核心力量。为解决当前人才匮乏的问题，应从教育和培训两个方面入手，大力培养文物保护与利用的专业人才。

在教育方面，应加强对文物保护与利用相关学科的建设和发展。高校和科研机构应增设相关专业和课程，培养具备文物保护与利用理论知识和实践技能的人才。同时，还应注重跨学科的教育和培养，使人才具备更为全面的知识和技能。

在培训方面，应加强对文物保护与利用工作人员的培训和继续教育。可以通过定期举办培训班、研讨会等方式，提高工作人员的专业水平和技能。同时，还可以鼓励工作人员参加国内外的学术交流和实践活动，拓宽其视野和知识面。

在培养专业人才的过程中，还应注重人才的引进和留用。可以通过提高薪资待遇、提供良好的工作环境和发展空间等方式，吸引更多的优秀人才从事文物保护与利用工作。同时，还应加强对人才的评价和激励机制的建设，激发人才的创新精神和工作热情。

（三）科技创新应用

科技创新是文物保护与利用工作的重要支撑。为解决当前技术瓶颈的问题，应积极推动科技创新在文物保护与利用领域的应用和发展。

一方面，应加强对文物保护技术的研发和创新。可以设立专项科研基金，支持科研机构和高校开展文物保护技术的研究和开发。同时，还应鼓励企业与科研机构合作，将科研成果转化为实际应用，推动文物保护技术的产业化发展。

另一方面，应积极推动新技术在文物利用中的应用。可以探索数字化、虚拟化等新技术在文物展示和利用中的可能性，为公众提供更为丰富和多样的文化体验。同时，还应注重技术的标准化和规范化建设，确保新技术在文物利用中的有效性和可持续性。

在科技创新应用的过程中，还应注重传统技术与新技术的结合。应充分挖掘和传承传统的文物保护与利用技术，同时积极引进和吸收新技术的理念和方法，实现传统技术与新技术的有机融合和创新发展。

（四）合理利用文物

合理利用是文物保护与利用工作的最终目的。为解决当前文物利用不足的问题，应从理念、方式和手段等多个方面入手，推动文物的合理利用。

在理念方面，应树立正确的文物利用观念。应充分认识到文物作为人类历史文化的重要遗产，其利用价值不仅仅局限于展示和游览。而应深入挖掘文物深层次的历史文化内涵和价值，将其融入现代社会的文化建设和发展中。

在方式方面，应积极探索多样化的文物利用方式。可以根据文物的类型和特点，制定不同的利用方案。如对于古建筑类文物，可以将其开发为文化旅游景点；对于艺术品类文物，可以将其纳入博物馆的收藏和展示；对于非物质文化遗产类文物，可以将其传承和发展为现代社会的文化活动等。

在手段方面，应充分利用现代科技手段来推动文物的合理利用。可以通过数字化、虚拟化等技术手段，将文物资源进行数字化处理和虚拟化展示，为公众提供更为便捷和丰富的文化体验。同时，还可以通过互联网、移动应用等方式，将文物资源推广到更广泛的受众群体中，实现文物资源的共享和利用效率的最大化。

在推动文物合理利用的过程中，还应注重文物的保护与利用的平衡。应在确保文物安全的前提下，合理控制文物的利用强度和方式，防止过度利用对文物造成损害。同时，还应加强对文物利用过程的监管和管理，确保文物利用的合法性和规范性。

第三章 纺织品文物保护技术

纺织品文物，以其独特的材质和工艺，诉说着古老的文明与技艺。本章将专注于纺织品文物的保护技术，从考古现场的初步保护，到后续的灭菌除虫、专业清洗，再到加固与修复等关键环节，为这些珍贵文物的长久保存提供科学指导。

第一节 考古现场保护

最早的纺织品应该追溯到新石器时代到春秋战国时期，历年的考古工作发现了大量当时的纺织品及相关文物，获得了珍贵的织物残片和黏附在器物上的织物痕迹，这为研究中国纺织科学技术的起源和发展提供了可靠的实物资料。

一、现场保护需要注意的问题

纺织品考古的发现在考古中极为难得，要引起特别的重视，对此需注意以下问题：

首先，必须组建一个专业团队，明确各成员的职责分工，其中器材的筹备与安全监控工作至关重要。工作人员在执行任务前，应具备充分的准备和明确的操作计划。

其次，对于含水量过高的脆弱纺织品，特别是在棺椁中且伴有大量积水的情况下，运输过程中的颠簸和摇晃极为危险，可能会导致丝织品变为浆状而损毁。因此，需提前判断状况，彻底排水，并采取有效措施，规划最佳运输路线和车速，以确保文物安全抵达。吊装、启运及安置环节均需有专人负责。

再者，大批量出土的脆弱丝绸文物无法在短时间内全部揭取并妥善保护，但拖延处理时间却潜在巨大风险。因此，考古现场的纺织品保护工作刻不容缓。当出土丝绸文物数量众多时，通常的做法是将文物运送至室内进行低温冷藏。条件允许时，应立即将文物封装入聚乙烯袋内以灭菌、保湿，为后续的保护工作争取时间。在工作过程中，揭下的薄层丝绸应在清洁后用灭菌宣纸覆盖，或经灭菌处理并添加抑菌剂进行临时保护。在炎热的季节，防霉措施尤为重要。

此外，在需要使用药物加固破损和陈旧的出土纺织品时，应遵循尽量采用外部支撑方法的原则，尽量避免使用药物渗透法。如果必须使用药物，也应尽量减少使用量。当天然材料和合成材料的性能相近时，应优先选择天然材料。

在揭取椁底的席子和绢缘时，可以采用多层吸水纸正面贴合，然后利用大直径（8～10cm）的卷筒进行卷取。对于在室内获得的厚层织物，则应采用逐层揭取的方法进行处理。具体的操作措施应根据实际情况而定，并无固定不变的方法。

最后，应同时重视大件和小片的纺织品。黏附在其他杂物上的残破碎片可能属于罕见品种，不可随意清除，而应设法保留。可以临时将这些碎片夹在薄玻璃片或有机玻璃片中，并根据织物的厚度选择合适的纸本，挖去中部后嵌垫在标本周围，以避免造成压损。

二、考古现场纺织品提取方案的制订

考古现场情况复杂，条件简陋，在不同地区，由于地理环境与地质条件的不同，文物的埋藏环境也各不相同。土壤的腐蚀能力与土壤的通气性（含氧量）、含水量、温度、电阻率、可溶性盐类种类与数量、pH值、有机质与微生物的存在等因素有关。出土文物的腐蚀类型与腐蚀程度也不相同，出土的古代纺织品强度可能会有很大差别，当制订出土纺织品提取方案时，应充分考虑上述因素。

总之，考古现场出土纺织品的提取，没有一成不变的固定模式或方法，必须根据现场的实际情况，具体问题具体解决。

制订现场文物科学保护方案通常包括下列步骤：①评估埋藏条件——密闭性如何等；②推测埋藏文物种类及保存状况；③确定可能采取的保护修复技术；④选择适宜的保护修复材料；⑤制订完善的现场保护技术路线。此外还应考虑现场文物保护的环境控制条件，以防文物出土后遭到损害。

方案制订之前，必须在现场进行小块提取实验，并对实验结果进行评估，然后制订提取方案。提取方案包括提取的方法和材料，提取过程中环境条件的控制，如温湿度、光照、氧含量等，同时还要考虑提取过程和提取后的防褪色、现场临时保管措施。

考古现场一旦发现纺织品，首先不能轻易搅动。先观察其状况，并完成照相、绘图等资料收集工作。如果碰上数量大而且难以揭取的，可考虑搬回室内处理，但搬动也要顾及棺内是否有水的存在，因为水的晃动会给脆弱的纺织品带来极大的危险。必须在现场处理的，有条件可在现场搭一个简易工棚，以防止太阳的直射和大风的吹刮。

下面简要分析几种类型的纺织品现场保护经验：

第一种是西北干燥地区的墓葬，凡保存较好的丝绸均有相当好的强度，颜色也鲜艳。但墓中纺织品与尸体粘连处多半腐损或者脆化，倘若直接去揭取丝绸，就会造成破损。处理方法是用塑料布把有纺织品的部分罩盖起来，里面放入加湿器，让其小环境加湿，待纺织品受潮回软后，再进行提取。另有一种情形，人骨大多早已散架，一般处理，只要先清除人骨等杂物，再层层揭除衣服就可。

第二种是墓葬比较潮湿，是用青膏泥将棺椁上下四周厚筑密封层，又用木炭在内吸附气体。出土时，纺织品整个都是潮湿的，甚至整个尸体都浸泡在棺液中，由于长期水蚀，早已变得毫无强度可言，只是看上去完好，实际上已如一堆散沙，稍有不慎，便会顷刻化成泥浆。要取出如此朽败脆弱的丝绸，并保持它们的结构、外观不变，恢复一定的强度，从饱水到干燥和稳定下来，这个过程是文物存亡得失的关键。出水时漂浮水中的织物，可用纱网托捞起，放室内避光吹晾，缓缓干燥，把握时机。在将干未干时，分期分层剥取，根据情况平展或卷展，动作要轻如浮云，丝绸切不可受到拉伸和挤压，方可获得干后最好的质量，丝织物还会保有其光泽和柔韧性，揭展也较容易。倘若服装被压而难以脱卸下来，勉强拉伸和挤压，势必会使织物结构发生变化，使之失去原有的光泽和弹性。可考虑的首选方法是把织物沿缝线拆开。如果不行，只能采取在不明显的位置进行切割。这是一种很有争议的举动，是需要经过专家论证后才能实行的。如果实物较多，情况复杂，可把整箱整堆的织物妥善取回室内再进行清理。如果仅存一些碎片，亦不可轻易舍弃，即使炭化或者烧成灰的残片，也应尽量收集起来。

第三种是华北黄土地带，这一地区墓葬封闭很难严密，往往随着大气候而时干时湿，有的也进水，有的还透点儿气。这种情况下织物的保存情况最差，丝绸遗物多已朽败，有的高度炭化，保存质量不一。有时看到的织物结构完好，着实酥烂不堪，触手旋即塌落，形同灰烬，简直无从下手。即使这种情况也不是毫无办法可想，在取得照相、测量、绘图和判明一些结构上的问题之后，要避免震动，用整体装箱起吊的办法运回室内。假如是衣服，要弄清其形制、领、袖、缘的构造与尺寸，以及全体的造型轮廓。保持清洁，在室内平衡湿度，使它内外比较一致。利用这一段时间，选取一些残片试作揭开、展平处理。对于这些织物，除较平整者可用纸卷展放托取外。小片、平片可以裱托保护，褶皱的成件衣服尚无理想的处置办法，应在今后的工作中不断摸索经验。

对黏附于棺材板上的薄质纱罗，用湿强度好的纸张，薄薄地均匀地刷上浆糊，贴在织物上。略干后，揭取下来。再用揭裱字画的方法去纸后，装裱保存。对平放在棺上的帛画，因质地酥脆，如果不加衬垫保护的话，很容易出现撕裂等危险，可采用把宣纸卷在细木杆上，一端衬入纺织品下面，缓慢地卷放，尺幅大的话，纸下面再衬入塑料纸。将帛画托入预先做好的匣中，安全运回室内，随后装裱。

总之，纺织品的现场提取是一件十分辛苦的工作，需要工作人员有十分的谨慎和耐心，更需要采取科学的方法来完成。

考古现场出土纺织品提取后，应立即运往实验室，进行后续处理，实验室的后续处理越及时，对后续的保护工作越有利。如不能及时运往实验室，则应采取临时保护措施，注意控制小环境条件，减少搬动次数，防叠压、防紫外线照射、防虫、防霉、防鼠咬等。

三、有可能发现纺织品时应该准备的工具、设备与材料

在田野考古发掘过程中，无论是地下的埋藏环境，还是出土时的地上环境，文物所面临的损害都十分复杂。对考古现场出土的文物进行有效保护，可以最大限度地保留出土文物本身带有的各项信息。因此，在考古现场的文物保护，其主要任务就是在文物出土的过程中，在保留出土文物资料的完整性和不影响后续保护处理以及考古研究的前提下，尽可能地减少环境对出土文物的影响。采取及时有效的措施，对出土文物进行稳定性处理，使发掘出土的文物在出土现场得到妥善的保护。由此可见，将文物的物质实体、人文信息及历史遗迹完整保存下来，就是考古现场文物保护的主要目的。

考古现场文物保护是整个文物保护处理工作的第一步，它的成功与否直接影响着以后的文物保护工作。与实验室内文物保护条件相比，考古现场的工作条件比较简陋，加上必须与田野发掘配合进行，因此，目前很难对出土文物进行十分周全的保护。也就是说，田野考古发掘现场的保护工作是属于抢救性、临时性的

工作，它要为今后的进一步保护打下坚实的基础。目前阶段我们通常采取的工作步骤是：科学地采集、安全地运输和妥善地保存。

考古现场出土纺织品的提取必须依据现场的实际情况，遵循文物保护原则，按照科学化的要求，因地制宜，尽可能将出土的古代纺织品实物及所包含的人文信息，得以完整采集。

出土纺织品的机会十分难得，一定要准备充分，这些准备包括思想准备、基本工具、基本材料以及一定的人手。

（一）简单工具和设备

（1）不锈钢镊子和剪刀：用于揭取纺织品剪取材料；

（2）医用双头探针、针锥：用于纺织品局部的分离；

（3）放大镜、卷尺：对纺织品纹样进行局部观察，初步量定尺寸；

（4）绘图铅笔和橡皮：绘图使用；

（5）大小不同的自制竹启子：用于对纺织品的揭取分离；

（6）大小毛笔、大小毛刷：用于对纺织品的表面除尘和清洗；

（7）烧杯：盛装蒸馏水、酒精等溶剂；

（8）喷水壶：对纺织品和宣纸等材料进行还潮；

（9）洗耳球：除尘；

（10）照相机：现场拍摄用；

（11）小型五金工具包：辅助用品；

（12）温湿度记录仪：测量现场的温湿度；

（13）便携式酸度计和色度仪：测量棺液酸碱度和纺织品色度；

（14）盛装设备：用于包装盛放出土的纺织品，便于运输；

（15）取样袋：取样。

（二）材料

（1）胶手套、帽子、口罩：工作人员使用，起保护作用；

（2）白棉布、宣纸、塑料布（袋）：包裹衬垫纺织品；

（3）拷贝纸：描绘记录纺织品图案等；

（4）标签：标记用；

（5）医用酒精、脱脂棉：用于纺织品和现场及人员的消毒；

（6）pH 试纸：用于测量酸碱度；

（7）硝基纤维素：用于粘取纺织品；

（8）柠檬酸：用于软化纺织品与金属制品的粘连；

（9）丙酮：用于纺织品的清洗；

（10）广谱杀虫剂和防霉剂：用于纺织品的杀虫和防霉；

（11）临时加固材料：用于纺织品的现场提取。

四、考古现场出土纺织品常用的提取方法

（一）揭取法

有些出土的纺织品紧密地贴在棺木等器物上，对于强度较好的纺织品，可用竹刀、牛角刀等柔性切割工具从纺织品的边缘轻轻地进行剥离。能够剥离开的，说明该纺织品可以揭取或者部分可以揭取；如果十分难剥离的，说明该纺织品已与棺木粘结得很牢固，难以在现场进行揭取。揭取应在半干半湿时进行。纺织品干燥时，可轻轻喷一些水雾，然后在其表面铺一层较厚的白绵纸或宣纸，使纸的一端与纺织品一端借助潮湿的水分粘在一起，用竹刀将该端纺织品轻轻剥离开来并且附在纸上，一边卷起纸张，一边用竹刀将黏结较牢的部分纺织品剥离开，直至整块纺织品揭取完毕。对黏附于棺椁上的强度较差的薄质织物，可用湿强度好的纸张，均匀刷上浆糊，贴于织物。略干后，揭取下来。

金属器物上粘连的纺织品，常被金属锈包裹，粘连十分严重。可以尝试使用弱酸，如 5% 柠檬酸或草酸溶液，溶解锈层，然后揭取。

（二）冷冻切割法

基本原理是将被冻结物料直接与温度很低的液化气体或液态制冷剂接触，制成速冻体，使提取物连同土层形成强度高的冻结整体，然后进行切割、提取。使用的制冷剂有液氮、液态二氧化碳和氟利昂（R12）等，冻结温度约为 $-10 \sim -5℃$。

（三）套箱法

非常脆弱的古代纺织品常需要进行整体提取，套箱法又称"箱取法"，是在田野考古发掘现场应用最广泛的一种方法。即将需要提取的遗存同周围的土分割开来，然后套上木箱，再在底部插入插板，使遗存剥离出来并整体提取，主要用于非常脆弱或复杂迹象文物的提取。

（四）托网法

托网法的工作方法是用细铁丝按照遗存的实际形状逐一插入，最后将这些铁丝编结在外围的粗铁丝上，形成网状，则可以托起需要起取的遗存。托网法的好处在于可以利用较小的缝隙插入承托物，由于铁丝具有良好的韧性，可以随形而曲，这样就可以尽量避免对下面或周边的遗存造成破坏。

（五）插板法

插板法又称"托板法"，是指在需要提取的遗存下插入薄板，而将欲提取的遗存放置于板上整体取出，以便回到室内做进一步的清理。插板法通常用于体积较小、重量较轻的遗存。可使用具有一定硬度和韧性的木质三合板或五合板、金属板或塑料（树脂）板等薄板的材质，作为插板。为了便于插入土中，最好将插板的前端制成比较锋利的刃状。

五、对纺织品完残程度和病害的记录

纺织品在出土之后，就必须从考古的角度立即登记，并给予一个考古编号。这张卡片上的信息不仅要包括出土方位、简单名称、所见色彩、基本款式、基本尺寸等，而且应较为详细地记录纺织品的完残程度和病害情况。为了节约考古现场的工作时间，这些信息也可以在一张事先打印的卡片上进行登记。

同样的情况也出现在文物征集时，征集者也应该对所征集的纺织品的完残程度和病害进行较为详细的记录。

第二节　灭菌与除虫

一、纺织品文物的主要生物危害

（一）纺织品文物的微生物危害

1. 微生物及其分布

微生物是所有个体微小（小于 0.1mm）、结构简单的低等生物的统称，包括病毒、细菌、螺旋体、支原体、立克次体、衣原体、放线菌、真菌等。它们具有体形微小、结构简单、繁殖迅速、容易变异、适应环境能力强等特点，纺织品文

物上研究和防治的主要对象是真菌和细菌。

微生物在自然界分布极为广泛，空气、土壤、江河、湖泊、海洋等都有数量不等、种类不一的微生物存在。一般情况下，环境中每升空气含有微生物 $1 \sim 10^4$ 个，每克土壤含微生物 $10^4 \sim 10^{10}$ 个，每克水含微生物 $1 \sim 10^4$ 个。在每克肥沃的土壤里，分布着 $10^7 \sim 10^{10}$ 个细菌、$10^5 \sim 10^7$ 个放线菌和 $10^3 \sim 10^5$ 个霉菌。这些都是生活生产环境、工业材料和产品、考古出土文物、馆藏文物以及地面文物微生物污染的主要来源，因此，微生物污染是纺织品文物的主要污染源之一。

2. 微生物对纺织品的主要危害

从纺织品文物保存科学观察和分析，霉菌、变色菌、细菌等是危害纺织品的主要微生物，主要有纤维杆菌、棒状杆菌、烟曲霉、土曲霉、球毛壳霉、淡黄青霉、木霉、黑曲霉、黄曲霉、普通变形杆菌、产碱杆菌、变色曲霉、红曲霉、金黄色葡萄球菌等。通常通过以下四种形式表现：

（1）微生物必须利用外界吸收的营养物质，获得自身细胞物质必需的能量和原料进行生长和繁殖，维持体内新陈代谢和各种生命活动。面对纺织品文物的材质（蛋白质、碳水化合物、脂肪及其他有机化合物），微生物在代谢过程中会分泌相应的酶（脱羧酶、纤维酶、淀粉酶等），把较大的分子分解为小分子可溶性物质（氨基酸、葡萄糖等），再通过细胞膜的吸收、传递并经过一系列的合成代谢，成为自身的各种生命物质。在这一系列过程中，纺织品材料不断被分解破坏，微生物不断增殖；而微生物数量的增大，又加速了纺织品材料的损害。

（2）微生物代谢过程中产生的甲酸、乙酸等有机酸，使纺织品受到不同程度的酸性腐蚀，蚕丝蛋白可能因变性导致化学结构和功能的改变，棉、麻纤维可能因降解而发生断裂破损。

（3）微生物代谢过程中或代谢产物与纺织品材料作用时产生的气体（硫化氢、甲烷、氨等）、色素（霉点、色斑）和其他产物（组胺、脂肪酸等），破坏纺织品原有的感官性状和力学强度。

（4）微生物大量繁殖时产生的菌丝体、分解物质、反应产物等的堆积，严重地改变了纺织品的原貌和质量。

（二）纺织品文物的虫害

1. 昆虫及其分布

在动物学中，昆虫纲是最大的一个纲，其中化石 15，000 种，现存物种约

840,000种，包括无翅亚种3,500种（如衣鱼），有翅亚种835,000种（如白蚁）。它们分布面极广，几乎遍布地球的陆地海洋、山川河谷、森林田野、城市乡村、仓储库房，包括纺织品文物的库房展厅及其保存设施、材料中。

2. 昆虫对纺织品的主要危害

纺织品文物的主要害虫有烟草甲、窃蠹、书虱（书蠹）、毛衣鱼、皮蠹、家白蚁等，多有咀嚼式口器，它们以各种纺织品作为食源，蛀蚀纺织品。有的昆虫会分泌能腐蚀纺织品的有机酸或酶，它们的排泄物又会污染纺织品。虫害的结果通常是破坏纺织品的完整性及其强度、色彩、质感等，有些会引发寄生菌害，造成混合污染和损害。

（三）纺织品文物灭菌除虫的基本原则

选择灭菌除虫方法时，必须遵循以下原则：

首要之务是确保所选用的灭菌除虫方法对纺织品本身无任何副作用，这就意味着所采取的措施不得对纺织品的纤维结构、色彩以及整体完整性造成任何形式的破坏。这是因为纺织品文物往往具有极高的历史、文化和艺术价值，任何损害都是不可逆的，必须予以最大限度地避免。

其次，所选方法须具备高效低毒的特性。这要求处理过程中所使用的药物或技术能够有效杀灭处于各个生命阶段的害虫及有害微生物，包括但不限于其卵、幼虫、成虫等，以确保文物的长期安全。同时，这些药物或技术的毒性必须控制在最低水平，以减少对文物本身以及处理人员的潜在危害。

再者，灭菌除虫处理后，药物或化学物质的残留应达到无或极低的水平。这是为了避免长期存放过程中，残留物对纺织品造成慢性损害，或是给后续接触者带来健康风险。

最后，整个灭菌除虫过程应保证环境安全。这涵盖了处理过程中产生的废弃物、排放物以及能源消耗等对环境的影响应降至最低，以实现文化遗产保护与环境保护的双重目标。

二、纺织品文物灭菌除虫的常用药物

（一）熏蒸剂

熏蒸剂是在封闭环境中以气体形态作用于纺织品文物的灭菌除虫剂。在文物上应用的熏蒸剂主要有环氧乙烷、溴甲烷和硫酰氟，这几种熏蒸剂已被实验证明灭菌除虫效果好，对各种文物材质（包括蚕丝、羊毛、棉纤维、麻纤维等及其织物）的强度、颜色和质感基本无影响，无熏蒸剂残留，还要确保符合要求的熏蒸设施是安全的。

由于溴甲烷是卤代烷，其消耗臭氧潜能值（ODP）为0.6，会增加地球的温室效应。根据1997年蒙特利尔议定书缔约国第九次会议决议，发达国家从2005年全面淘汰溴甲烷，发展中国家最迟在2015年前将全面禁止使用溴甲烷。美国食品与医药局已于2005年1月宣布，用硫酰氟取代溴甲烷用于粮食和干果除虫。环氧乙烷的急性毒性虽然稍低于溴甲烷，也不影响大气臭氧层，但Ames试验显示，其对动物细胞组织疑有诱变作用，美国等西方国家已不再使用。鉴于环氧乙烷可以任何比例与水混溶，溶解产物乙二醇毒性较低，废气（尾气）处理容易实现，我国未明确禁止使用，但对环境控制标准提高到 $1 \sim 5ppm/m^3$，对熏蒸设备要求达到或相当于欧洲CE标准。

1. 环氧乙烷

（1）理化性质。

环氧乙烷室温常压下为无色气体，有芳香醚味，相对密度1.52，4℃时密度 $0.884g/cm^3$，沸点10.8℃，熔点－111.3℃。环氧乙烷可以任何比例与水混合，并能溶于醇、醚、酮、芳烃等常用有机溶剂和油脂，易燃易爆。与水以 1∶22（w/w）比例混合，则不再有易燃易爆性。

（2）灭活机理。

环氧乙烷能与生物体蛋白质中的氨基($-NH_2$)、羟基($-OH$)、羧基($-COOH$)、硫基（$-SH$）相结合，从而抑制氧化酶和脱氢酶的作用，对菌体细胞代谢产生不可逆的破坏作用。环氧乙烷又是一种非常活泼的烷基化合物，能与虫菌的氨基酸、蛋白质、核蛋白等物质发生烷基化反应，使生物体因代谢障碍而死亡。

（3）灭菌特性。

环氧乙烷渗透力强，扩散性好，不影响纺织品的外观和材质，对灭菌除虫均有效，能杀灭包括细菌繁殖体、芽孢、分枝杆菌、真菌和病毒。在适当的湿度条件下，环氧乙烷对任何纯培养的微生物的灭活过程均呈典型的一级反应。剂量和效应关系呈线性关系。环氧乙烷对各个阶段的昆虫，包括成虫、幼虫、虫卵均能在基本熏蒸条件下致死。常用灭菌除虫浓度 $400 \sim 1000g/m^3$。由于一般昆虫对环氧乙烷比微生物敏感，因此，在细菌或霉菌灭活的情况下已达到或超过各个阶段害虫的致死浓度及条件。

（4）毒性。

对人体眼睛、黏膜、呼吸道器官有刺激，中等毒类。环境控制指标为 $1 \sim 5mg/m^3$。

（5）设备与材料。

第一，自动或半自动环氧乙烷熏蒸设备，包括带气动门的熏蒸箱（柜）、加热系统、加压系统、减压系统、加湿系统、废气吸收系统、控制系统、气体房等。

第二，移动式环氧乙烷报警器或多路环氧乙烷报警器或有机气体报警器（灵敏度 $1 \sim 10ppm$）。

第三，环氧乙烷/二氧化碳混合熏蒸气体（$10 \sim 30/70 \sim 90w/w$）。

第四，3M 灭菌指示卡（内部），3M 灭菌指示胶带（外部）。

第五，纯氮气（$99.9\% \sim 99.99\%$）。

（6）操作程序。

第一，打开总电源，打开环氧乙烷（或有机气体）报警器电源，打开进水阀，开启空气压缩机，打开熏蒸消毒柜气动门。

第二，将需要灭菌除虫的纺织品用纸箱（也可用木箱，箱盖与箱体之间需预留数毫米的缝隙）包装，在纺织品箱内置 3M 环氧乙烷灭菌指示色卡，箱外表贴上 3M 环氧乙烷灭菌指示色带，将纺织品箱置于熏蒸消毒柜内。

第三，关闭消毒柜门，先后开启加热器和真空泵，使柜内的温度上升至 $39 \sim 40℃$，压力降至 $-70 \sim -60kPa$。

第四，打开进气阀，将环氧乙烷/二氧化碳（$20/80w/w$）混合气体缓缓输入消毒柜内，药剂浓度控制在 $400 \sim 600g/m^3$。

第五，熏蒸柜内温度通常控制（自动或手动）在 $40 \pm 1℃$，最高不超过 $54℃$，相对湿度保持在 $50\% \sim 70\%$，必要时启动加湿器加湿，连续处理 24 小时。

第六，洗气：开启真空泵，将柜内废气引入循环吸收水箱，当柜体压力下降至 $-70 \sim -60kPa$ 时充入氮气，使柜体压力上升至 $-5000 \sim -3000Pa$，2 分钟后按上述步骤重复洗气 $3 \sim 5$ 次，最后一次须使柜体压力上升至常压。

第七，开启真空泵，排除气体，打开消毒柜门，取出纺织品。注意灭菌指示卡（内部）及指示带（外部）的变色情况（指示卡由棕红色变为绿色，指示带由黄色变为红色，说明达到灭菌除虫效果），以确定熏蒸效果，必要时应重新处理。如熏蒸有效，则打印熏蒸记录。

第八，熏蒸灭菌除虫结束后，最好将纺织品置于通风环境下，3～5天后再入库。

2. 环氧丙烷

（1）理化性质。环氧丙烷结构式相对分子质量58，常温下为无色液体，相对密度0.8304（20℃），沸点33.9℃，水中溶解度40.5%。能溶于醇、醚、酮、芳烃等常用有机溶剂。

（2）灭活机理。同环氧乙烷。

（3）灭菌特性。与环氧乙烷相比，弱挥发性，扩散力差，穿透力低。灭菌除虫可以用二氧化碳混合气体，也可以采用纯环氧丙烷，使用浓度800～2000g/m³。杀灭细菌芽孢需延长1～2倍熏蒸时间。

（4）毒性。毒性比环氧乙烷低，大约相当于环氧乙烷的1/3。皮肤接触可致灼伤、起水泡等损害。水解产物（丙二醇）无毒。工作环境容许浓度为100ppm。

（5）设备与材料。设备同环氧乙烷。材料通常为30%～50%的环氧丙烷/二氧化碳（w/w）或纯环氧丙烷。

（6）操作程序。操作步骤同环氧乙烷，浓度需在800～2000g/m³，加热温度和湿度需高于环氧乙烷，最好维持在56℃和RH60%以上，在纺织品文物保护允许的范围内，浓度和温度越高，熏蒸效果越好。

3. 溴甲烷

（1）理化性质。

溴甲烷（Methyl bromide，Bromomethane）又名甲基溴、溴化甲烷，分子式CH_3Br，常温下为无色、无味气体，属于封锁警戒性气体，分子量94.95，比重1.732（0℃），20℃时气体比重3.27，沸点4.6℃，蒸气压243.2kPa（25℃），难溶于水，易溶于低级醇、醚、二硫化碳、苯等，液态时能溶解脂肪、树脂和橡胶。化学性质稳定，不易被酸碱物质分解，在酒精、碱溶剂中分解。对金属、纸张、纺织品、木竹材强度等均无影响，对各种颜料、染料、书写印刷材料等的色差都没有明显影响。

（2）灭活机理。

溴甲烷的杀菌除虫机理是药剂在细胞内水解生成甲醇和氢溴酸，甲醇可使细胞脱水，破坏蛋白质胶体，并氧化生成甲烷，对细胞内某些与呼吸作用有关的酶系统有抑制作用，阻止了呼吸作用的正常进行。同时，溴甲烷是一种活泼的烷基化试剂，它能与蛋白质上任何一种端基（NH_3、OH、$COOH$、SH）发生烷基化作用，因而阻止了微生物中许多反应基的正常作用，使微生物新陈代谢产生障碍，而起到杀菌的效果。它改变昆虫蛋白质氨基酸端基结构，使蛋白质变性而致死。

（3）灭菌特性。

溴甲烷渗透性强，扩散性好，不影响纺织品的外观和材质，对灭菌除虫均有效。它能杀灭包括细菌繁殖体、芽孢、分枝杆菌、真菌和病毒，能杀死各个阶段的害虫，包括成虫、幼虫和虫卵。

（4）毒性。

较强的神经毒物。致死毒作用带狭窄，对皮肤、肺、肾、肝可引起损害。急性毒性小鼠吸入 $LC50=1540mg/m^3$，$LCn=800mg/m^3$，大鼠吸入 260ppm 8 小时以后死亡。我国环境卫生标准为 $1mg/m^3$。

（5）基本方法。

溴甲烷熏蒸处理纺织品文物，应在具备加热和减压功能的密闭系统中进行，灭菌浓度为 20 ~ 60g/m^3，温度控制在 15 ~ 35℃，相对湿度55% ~ 60%，熏蒸时间 24 ~ 72h，通常采用活性炭吸附溴甲烷的工艺处理熏蒸废气。熏蒸灭菌效果与溴甲烷浓度、熏蒸温度和熏蒸时间等因素有关。

上海博物馆文物保护科学实验室比较了溴甲烷废气治理的溶剂吸收，催化分解和物理回收技术，选择了物理回收技术中的活性炭吸附废气治理方法，采用多级串联式活性炭吸附净化熏蒸废气，被吸附的溴甲烷经 220 ~ 250℃加热通气脱附或负压加热脱附后，经冷却再送入熏蒸室循环利用，是一项具有实用性的溴甲烷废气治理技术。

4. 硫酰氟

（1）理化性质。

硫酰氟是一种无色无臭气体，比重 2.88（20℃），沸点 –55.2℃，熔点 –120℃，蒸气压 1792kPa（25℃），不溶于水，溶于丙酮、氯仿、溴代烷等，在碱性溶液中水解较快。

（2）灭活机理。

硫酰氟对害虫的成虫和幼虫均有效，能渗透到害虫内部，阻止其体内脂肪的代谢作用。当达到致死剂量时，在一定时间内可使害虫由于代谢失衡致死。硫酰氟也能抑制菌体内多种酶的活性，破坏菌体细胞的正常机能，从而使细菌或真菌无法生存。

（3）灭菌特性。

在常温常压或常温低压下熏蒸。含量98%以上的硫酰氟常用灭菌除虫浓度30～80g/m³，对成虫和幼虫效果佳，对虫卵需延长熏蒸时间。对细菌和真菌的有效灭活浓度在80g/m³以内，最低有效灭活浓度20g/m³，大大低于环氧丙烷和环氧乙烷。灭菌时间比环氧乙烷长1/3～1/2。试验表明，硫酰氟对古代纺织品的强度、色差等指标基本没有影响。

（4）毒性。

人体少量吸入可引起恶心、呼吸困难，短期接触最大容许浓度40mg/m³。老鼠在浓度16、40、80、160mg/m³时，丧失能力时间分别为42、16、10、6min，并均在3h内死亡或垂死。要避免硫酰氟直接接触皮肤，以免冻伤。

（5）基本方法。

硫酰氟适合处理馆藏和出土纺织品文物，也可用于原址保护的编织类文物、纺织机具、文物保存设备等大型文物及设施的灭菌除虫。通常在低压容器内完成，也可以设置一定密度和厚度的复合袋、塑料袋等，形成封闭系统的设施进行熏蒸。硫酰氟沸点低，通常在常温常压或常温负压下熏蒸。由于不燃不爆，有效浓度低，扩散速度快，尾气通常可排空处理。建议采用98%（v/v）以上的硫酰氟产品（浙江临海利民化工厂生产），以往含量在95%以上的产品在熏蒸文物前，必须脱硫和脱卤，达到纯度要求后才能使用。

（6）操作步骤1。

用低压容器熏蒸。硫酰氟熏蒸灭菌除虫最好在低压容器内进行。低压容器配置轴流（或离心）排风机，外接真空泵。

第一，将需要灭菌除虫的纺织品文物用纸箱（也可用木箱，箱盖与箱体间需预留数毫米的缝隙）包装，将纺织品箱置于熏蒸柜内；

第二，关闭熏蒸柜门，开启真空泵，使柜内压力降至–70～–60kPa；

第三，打开进气阀，将硫酰氟气体（98%以上）缓缓输入消毒柜内，药剂浓度控制在 30 ~ 80g/m³；

第四，连续处理 48h，必要时可延长至 72h；

第五，打开排气阀和轴流（或离心）排风机，将熏蒸柜内的部分硫酰氟废气排入大气，关闭排气阀和排风机，将 99.9% 以上的纯氮从排气阀送入熏蒸柜，开启轴流（或离心）风机排除废气，循环操作四次以上；

第六，打开熏蒸柜，取出纺织品文物。

（7）操作步骤 2。

大型织机或纺织品箱柜等规模处理时，除了应用大型低压容器外，还可采用帐幕熏蒸法，如无帐幕，可密闭、有通风设施的房间也能改造使用。

第一，用铝塑复合膜袋或厚度在 0.1mm 以上的聚乙烯薄膜帐幕（通常有一个金属骨架支撑结构）将织机套封在内，密封帐幕，留下一个带有阀门的排气送气口，在熏蒸帐幕内设置一个或多个电风扇；

第二，根据帐幕容积，用适当抽气速率（一般 1 ~ 4L/sec）的真空泵抽去部分帐幕内的空气，直至内部压力下降至 200 ~ 300mmHg，关闭阀门；

第三，打开排气送气口阀门，待达到设定浓度后，关闭排送气口阀门，开启风扇，使压缩的液态硫酰氟迅速扩散，然后关闭风扇；

第四，根据使用浓度，常压持续熏蒸 72 ~ 48h；

第五，开启帐幕排气口及风扇，使内部大部分硫酰氟废气排空，必要时熏蒸帐幕装接一台 0.3 ~ 0.5m³ 的空气压缩机，向帐幕内输入空气，再由排气口排除气体，直至无氯化苦气味；

第六，打开熏蒸帐幕，取出纺织品文物。

尽管硫酰氟在文物熏蒸剂中的综合毒性偏低，在应用时，尤其是规模化使用时，仍应注意安全防范。根据美国国内硫酰氟的使用规范，要求操作人员佩戴正压式呼吸器，尽可能不暴露身体的任何部位，以免通过呼吸道受伤害，或冻伤皮肤组织。

（二）抗菌剂

1.合成抗菌剂

合成抗菌剂是能抑制有害微生物生长的人工合成化学药剂，尽管国际上近年来生物抗菌剂和物理灭菌发展迅速，但合成抗菌剂的研发产品仍达到数百种之多。常温常压下这类药剂一般为固体或液体，在纺织品文物保护上通常定量配置成溶液，采用常规的喷洒、浸渍、涂布或添加到修复、整理、加固材料中发挥作用，施药方法上也可以通过加温、加压、减压等工艺增加效力。直接升华的抗菌剂可根据环境容积定量置放后，适当加热使其升华扩散，发挥药效。

合成抗菌剂的抗菌机理主要包括对抗代谢物、抑制细胞壁的合成、影响细胞质的完整性和破坏细胞膜的半透性、抑制生物体蛋白质的合成和改变细胞表面张力等方面。合成抗菌剂通过影响微生物的形态、结构、生理活动、新陈代谢过程，达到灭活或抑制其大量繁殖的目的。

2. 天然抗菌剂

天然抗菌剂主要来自天然物质的提取物，如壳聚糖来自天然贝壳、蟹壳、虾壳、鱼骨及昆虫等动物壳体非常坚硬的部分，经由脱去 N- 乙酰基获得。天然抗菌剂的优点是不属于化学制品，是从天然食物或植物中提取或直接使用的，在生产和使用过程中，对环境一般不产生污染危害，生物相容性好，因而受到青睐。但其缺点也是明显的，160 ~ 180℃就开始分解，使应用范围受到很大限制。天然抗菌剂是人类最早使用的抗菌剂，埃及木乃伊的包裹布中使用的树胶就是天然抗菌剂。目前经常使用的天然抗菌剂包括乳酸链球菌素、溶菌酶、鱼精蛋白、壳聚糖等。

3. 植物抗菌剂

许多植物含有抗菌物质，从日常饮食中的葱、姜、蒜到每天洗漱用到的黄芩、两面针等，人们经常接触天然抗菌物质，已经成为生活中不可缺乏的一部分。长期以来，植物抗菌剂也在纺织品文物保护中发挥重要作用。

植物抗菌剂多数直接来源于天然中草药，它们所含的某些成分对微生物可产生作用，抗菌机理包括结合微生物中的酶、抑制细胞壁和蛋白质的合成、改变细胞表面张力等。

（三）杀虫剂

20 世纪 40 年代，世界上产生了有机合成化学杀虫剂。到目前为止，绝大多数合成杀虫剂的研究和应用是在农业和林业。在纺织品文物保护方面，除了应用传统的樟脑、对二氯苯等杀（驱）虫剂外，近年来，熏蒸法和物理方法逐渐作为文物规模性除虫的主流，但对于使用方便、高效低毒、对纺织品安全的优良杀虫剂的需求仍然十分迫切。随着文物除虫灭菌应用研究的深入，相信通过对农林业、仓储业杀虫剂的实验比较，有可能筛选出几种既适用于纺织品文物消除虫害，又符合环境保护的优良除虫剂。

1. 合成杀虫剂

国际上合成杀虫剂的发展迅速，20世纪50～60年代以有机氯为主，当时国内六六六、敌敌畏、敌百虫等是主要的杀虫剂；20世纪70～80年代以有机磷类、氨基甲酸酯、拟除虫菊酯类和沙蚕毒素类为主；20世纪80～90年代，烟碱类、苯甲酰脲类、嘧啶胺类、阿维菌素类及其他杂环类杀虫剂，以及有机氮类杀虫剂、生物杀虫剂等环境友好型杀虫剂，已成为最近十几年的研究开发重点。

2. 天然杀虫剂

世界上具有杀虫作用的天然杀虫剂为数不少，我国古代就有应用汞剂、砷剂和藜芦等作为杀虫剂的记载。继半个多世纪合成杀虫剂的研究，生物杀虫剂已经成为当今科研和产业部门研究开发的重点。

3. 植物杀虫剂

植物在长期与昆虫协同进化过程中，产生了防御昆虫取食的次生代谢物质。这类物质的化学组成相当复杂，一种植物中的杀虫活性成分往往不止一种。由于杀虫活性成分的多样性，植物杀虫剂的作用方式也多种多样，主要有五种作用，包括破坏昆虫口器的化学感受器、麻痹昆虫的神经与肌肉、破坏昆虫的生理生化状态、扰乱昆虫内分泌激素的平衡、产生光活化毒素，从而达到杀灭害虫的目的。

三、纺织品文物灭菌除虫的物理方法

在纺织品文物保护领域，灭菌除虫工作至关重要。物理方法，作为非药剂类的处理手段，依赖于温度、辐射、声波等物理原理，有效地消除虫菌病害，为纺织品的长期保存提供了重要保障。以下将详细介绍几种常用的物理方法。

（一）低温法

低温法是通过降低环境温度来抑制或杀灭害虫和微生物的方法。在低温条件下，虫菌的代谢活动会减缓甚至停止，从而达到控制其生长和繁殖的目的。对于纺织品文物而言，低温处理不仅能有效防止虫蛀和霉变，还能减缓化学和物理老化过程。

在实际操作中，通常将纺织品文物放置在专用的冷藏设备中，温度一般控制在 -30℃至 -20℃之间。处理时间则根据害虫种类和文物的具体情况而定。例如，针对某些耐寒性较差的害虫，较短的低温处理即可达到杀灭效果；而对于耐寒性强的害虫，则可能需要更长的处理时间。

值得注意的是，低温法虽然效果显著，但也可能对纺织品造成一定的负面影响，如纤维变脆、颜色褪色等。因此，在实施低温处理前，应对文物进行全面的评估，并制定合理的处理方案。

（二）低氧法

低氧法是通过降低环境中的氧气浓度来抑制害虫和微生物的活性。在低氧环境下，虫菌的呼吸作用受到限制，从而无法正常生存和繁殖。这种方法对于纺织品文物的保护具有重要意义，因为它既能有效防止虫蛀和霉变，又能避免使用化学药剂可能带来的损害。

实施低氧法时，通常将纺织品文物放置在密封性良好的容器中，并通过充入氮气或其他惰性气体来降低氧气浓度。处理时间取决于害虫种类和文物的状况。一般来说，处理时间较长可以确保更好的效果。然而，过长的处理时间也可能对文物造成不利影响，如纤维老化、颜色变化等。因此，在实际操作中需要权衡处理时间和保护效果之间的关系。

（三）微波法

微波法是利用微波辐射对害虫和微生物进行杀灭的方法。微波能够穿透纺织品并与其内部的水分子发生作用，产生热量从而杀死害虫和微生物。这种方法具有处理速度快、效果显著的优点，并且不会对纺织品造成化学残留。

在实施微波法时，需要严格控制微波的功率和处理时间，以避免对纺织品造成热损伤。同时，不同类型的纺织品对微波的吸收能力也有所不同，因此在实际操作中需要根据文物的具体情况进行调整。此外，微波处理过程中产生的热量可能导致纺织品内部的水分蒸发，因此需要在处理后及时进行干燥和保湿工作。

（四）脉冲磁场法

脉冲磁场法是利用强磁场对害虫和微生物产生致死效应的方法。在强磁场的作用下，害虫和微生物的细胞结构会遭到破坏，从而达到杀灭的目的。这种方法对于纺织品文物的保护具有潜在的应用价值，因为它既能杀灭害虫和微生物，又不会对纺织品造成直接的物理或化学损伤。

然而，脉冲磁场法的实际效果受到多种因素的影响，如磁场的强度、频率、处理时间等。因此，在实施过程中需要进行详细的实验研究和参数优化。同时，由于脉冲磁场设备相对复杂且成本较高，目前该方法在纺织品文物保护领域的应用仍处于探索阶段。

（五）等离子体法

等离子体法是一种新兴的物理灭菌除虫方法，它利用等离子体中的活性粒子（如电子、离子、自由基等）对害虫和微生物进行杀灭。这些活性粒子能够破坏害虫和微生物的细胞结构，从而达到快速有效的灭菌除虫效果。与传统方法相比，等离子体法具有处理速度快、无化学残留、对纺织品损伤小等优点。

在实际应用中，等离子体处理设备通常包括等离子体发生器、反应室和控制系统等部分。纺织品文物被放置在反应室内，在适当的条件下进行等离子体处理。处理过程中需要严格控制等离子体的参数（如功率、气体成分、处理时间等）以确保最佳的处理效果。同时，为了避免对纺织品造成不必要的损伤，还需要对处理后的文物进行全面的质量评估。

第三节　清洗

并非所有的纺织品都适合清洗。一般而言，纺织品如果存在以下两种情况之一者就视作不适合清洗：第一，清洗过程可能会破坏纤维结构或者造成染料流淌。第二，对一些极具文化价值和技术特点的纺织品，其污迹可以通过清洗除去，但清洗过程可能削弱其考古价值，使之丧失大量信息。因此，清洗的第一步是判断纺织品是否适合清洗。

由于清洗会不可逆地改变纤维的外观，所以在清洗之前，必须对污迹和折痕进行仔细记录、全面检查、取样分析与科学评估，对清洗过程的得失利弊进行权衡，当确信清洗过程不会造成有效信息的流失之后，才能进入清洗阶段。

一、纺织品上的污迹

（一）辩证地看待污迹

纺织品上的污迹千差万别，一般可以分成三类：一是携带历史信息不可去除的（无论是否有害），二是虽然无害但最好去除的，三是对纺织品有害必须去除的。在制订清洗方案时应该区别对待，不能一概而论。清洗是一个不可逆的过程，一旦实施，污迹中携带的部分信息就会流失。因此，在面对第一类污迹时，必须辩证地看待。

这类污迹经常会使保护师陷入左右为难的境地——它们在蕴含着大量的历史信息的同时，对纺织品存在着潜在的危险性，因此在决定其去留时必须慎之又慎。纺织品上残留的血迹就具有这样的双重性。一般情形下，纺织品文物上残留的血迹已经与纤维蛋白在分子水平上发生反应，紧密结合在一起，极难去除。这些严重硬化的血迹会对纤维产生物理损伤和化学破坏，如果单纯从文物保护的角度来看，将血迹清理干净肯定有利于今后的长期保存，但是，洗净血迹的纺织品，可能会失去其作为历史文物研究的价值。此时，保护师就要在该文物的自身价值和污迹含有的信息价值之间权衡，采取折中方案。例如一批南宋时期的丝织品，墓主为女性，因难产而死，因此在相应部位留下大量血迹，并且已经严重硬化。显然，这些血迹蕴含着大量医药、遗传、技术方面的信息，可为判明墓主的死因提供关键的证据。随着检测技术的发展，可以从细微的样品中获取重大的发现。基于这种可能性的存在，沾染血迹的纺织品无疑是一个极其珍贵的物证，可以适当地保留。

一般人们在进行文物保护时，总是希望能够通过一定的技术手段，尽可能地再现文物的原貌，但是什么才是文物的原貌，这个概念非常模糊，这是因为所谓原貌并无客观标准。面对同一件纺织品文物，师从不同流派、秉承不同理念的保护师也许会作出迥然相异的判断。具体关联到纺织品文物的清洗，则必须对其中的污迹和折痕进行评估，以确定哪些污迹和折痕是需要通过清洗去除的，哪些污迹和折痕是原貌的有机组成部分而必须保留。

（二）污迹的形成

污迹是由来自外界的污染物与纺织品相结合而形成的。在决定去除污迹之前，必须对污迹的性质和纤维材料进行深入研究，污迹性质包括污染物种类、污染物来源、年代、污迹形成等诸多方面，同时还应该关注污染物的作用机理，即来自外界的污染物是通过何种方式与纺织品纤维结合的。

污染物和纤维的结合有三个主要影响因素：

其一，污染物的溶解性是最为重要的因素。来自外界的污染物一般可以分为水溶性和脂溶性两种，不同溶解性能的污染物与纤维的作用机理是不同的。在污染物渗透到纤维毛细系统的进程中，水溶性污染物因其表面张力较大而被阻止在纤维表面。相比之下，脂溶性污染物的表面张力很小，能容易地进入纤维内部。含有不饱和油脂类的污染物能和纺织品纤维发生交联反应，形成不溶性的高分子。如果发生这种情况，这些污染物就不会再溶于有机溶剂中，要清除它们是非常困难的。

其二，当纤维与污染物在化学组成或者形态上非常匹配时，污染物会迅速地渗透到纤维中，在纺织品上形成污迹。

其三，污染物和纤维接触时间的长短决定了污迹清除的难易程度，众所周知，时间越长，污迹就越顽固，就越难去除。

纺织品上的污迹有时也会发生变化，例如，纺织品一旦沾染上食物残渣，随着时间的推移，食物残渣中的淀粉、蛋白质、无机盐等成分发生降解，生成各种产物。这些产物与纺织品纤维相互作用，逐渐形成特殊的污迹。所以说，当年的纺织品成为今天的文物时，其中污迹的最初状态已经发生了变化，这种变化无形中为辨明纺织品文物上污迹种类以及寻找解决方法带来了困难。

（三）污迹的分类

1. 根据污迹来源的分类

（1）在传承过程中由于使用所产生的污迹。这类污迹大多见于传世纺织品，如服饰上的食物残渣、皮脂、体液等。

（2）由于埋葬所产生的污迹。这类污迹大多见于出土纺织品，不仅包括上面列举的污迹，还包括泥土类物质（如腐殖质、泥沙、煤灰等）、金属类物质（如铁锈、金属腐蚀物等）、尸体分解物等。

（3）在陈列过程中由于空气污染所产生的污迹。纺织品属于疏松多孔性材质，极易吸附空气中的悬浮物，包括灰尘、烟灰等。

2. 根据污迹危害的分类

（1）堆积在纤维表面或者镶嵌在纤维之间的固体颗粒，如砂石、泥土等。这些固体颗粒一般肉眼可见，大多来自出土现场。固体颗粒对纤维的破坏主要是机械磨损，当纤维随着外界环境相对湿度的改变而发生溶胀收缩时，这些镶嵌在纤维之间的颗粒就会磨损纤维，使之断裂。

（2）吸附在纤维表面的微尘，如炭黑、大气降尘等。相对于固体颗粒而言，这些微尘的尺寸较小，仅凭肉眼观察是很难发现的。这类微尘的累积大多发生在纺织品的陈列过程，年长日久，纤维表面会吸附越来越多的微尘，严重时整根纤维会被其包裹。这类微小颗粒的存在，严重影响着纺织品的外观和手感，同时，微尘会对纤维产生化学破坏。

（3）某些含有金属离子（铁、铜、锰、铅、锡和银离子等）的污迹，会引起纤维的光老化。

（4）在发霉的环境之下，一些来自泥土的成分会氧化，产生碱性或酸性物质，成为微生物滋长的温床。一些微生物如霉菌、真菌等会引发纤维的生物降解。生物降解实质上也是一种酸化反应，通常会造成纤维的褪色，在纺织品表面生成霉斑。

（5）有些污迹为含有不饱和双键的油脂类物质，这类污迹暴露在空气中会发生氧化反应，生成一种坚硬的酸性产物，同样也会对纤维产生物理和化学破坏。诸如血液、鸡蛋清和鸡蛋黄等污迹，也可以被氧化形成坚硬的污迹，这类污迹会与蛋白类纤维紧密结合，极难去除。

（6）有些污迹属于有色物质，如不慎沾染的染料、墨水、颜料以及化学或微生物分解纤维产生的产物。它们不仅影响纺织品的美感，更严重的是，部分有色污迹会引起纺织品对光的敏感，加速其光老化。

（7）纺织品在加工过程中有时会用到胶黏剂，这些胶黏剂在老化之后，会不同程度地对纤维造成化学破坏和物理损伤。

（8）有些不明污迹会引发各种化学反应，并导致纤维降解的发生。

3. 根据污迹成因的分类

（1）颗粒性污迹。包括落尘、泥土、沙粒、结晶体等，这类污迹一般只是松散地吸附在纺织品纤维之间，可以通过表面清洗的方式有效去除。

（2）分子性污迹。包括纺织品纤维自身的降解产物和动物体分解排泄物（如皮脂、汗、血迹等）、食物残渣（如淀粉、油脂等）、胶黏剂、水迹和染料流淌痕迹、霉菌和霉斑、外界沾染物质（如油漆、墨水）等。这类污迹可以溶解在水或有机溶剂中，通过水洗或干洗有效去除。

（3）高聚性污迹。包括油脂、蛋白质、多聚糖、合成胶黏剂等，这类污迹的分子量很大，一般不能溶解于水或有机溶剂之中，需要通过特殊的氧化剂、还原剂或酶，将不可溶解的大分子分解为可溶性的小分子而去除。

4. 根据污迹去除方法的分类

（1）采用物理方法即可去除的污迹，如落尘。这类污迹一般为表面粗糙的颗粒，具有较大的比表面积，通过吸附作用沉积在纺织品纤维的表面，没有深入纤维内部，不具胶黏性，不携带电荷，与纺织品纤维之间不存在静电吸引力。在纺织品清洗中采用的物理方法即表面清洗。对付纺织品表面的落尘，最简单有效的方法就是针对处理对象的具体状况，采用表面清洗去除，这种方法虽然不够彻底，但也不失为一种简单、易行、安全的预处理方法。

（2）采用水洗法即可去除的污迹，如泥土类物质。水洗法就是以水为介质对纺织品文物进行清洗，为了加强清洗效果，可以根据污迹的具体情况，在水中添加相应的化学试剂。

（3）采用干洗法可去除的污迹，如动物体分解排泄物。干洗法就是以有机溶剂为介质对纺织品文物进行清洗，这类污迹一般具有脂溶性。

（4）无法去除的污迹，如淀粉、糖、纤维素所形成的色斑。这类污迹在氧化过程中已经形成不可逆的产物，有时偶然沾染上的污迹也是无法去除的，例如丹宁酸。

二、纺织品的表面清洗

表面清洗特指利用物理方法，将吸附在纺织品表面或内部的松散污迹（如灰尘、沙土等）去除。只要使用得当，简便易行的表面清洗可以达到满意的效果，因此在清洗纺织品时，强烈建议表面清洗先行。针对不同的处理对象，采用不同的方法进行表面清洗。

对于大件的三维纺织品（如龙袍）或者厚重织物（如地毯），可以采用吸尘器吸除织物表面的尘土。应该注意的是，在使用之前，必须对吸尘器的安全性做一定测试。清洁非常糟朽的纺织品时，可在吸尘器管子的入口处包裹尼龙网。首先在软管末端连接一根较硬的管子，把一块 200mm² 的尼龙网对折两次后覆盖在管子口，用橡胶带固定，防止脆弱织物不慎吸入。工作时，吸尘器的管口离纺织品至少 20mm，同时使用软刷拂拭纺织品表面，灰尘即被吸入。另外，还可在刺绣用的框子上绷一层网，把框放置在纺织品上，抽吸时通过网面可以防止织物被吸起。在清洁过程中，要注意是否有蛀屑，这是纺织品遭受虫害的标志。有了蛀屑的纺织品，应该取样放在标本袋中，记录下名称和编号，进行相关处理。

对于一般织物，可以选用合适的软刷或棉签，用水稍稍湿润，然后沿着织物纤维的走向，将隐藏在纤维之间的尘土轻轻往同一方向刷除。在此过程中，织物应该保持干燥状态，一旦潮湿，尘土就会牢牢黏附其上，很难去除。要及时清洁软刷。

纺织品表面的饰珠、刺绣等区域，经常会藏有许多灰尘，此时可以用制表业中常用的小型吹风筒，轻轻吹除暗藏着的灰尘。在此过程中，风应往同一方向吹，同时用棉布覆盖未处理区域，以防二次污染。

对于绒类织物，一般的方法很难去除隐藏在绒圈之中的尘土，此时可以采用粘胶带将之粘除。具体做法是：采用市售的透明胶带，裁取约 20cm 长的一段，两端用双手绷紧，轻轻接触织物表面，此时可以看到透明胶带上会粘上许多细小的污物。一旦透明胶带变脏，立即更换。对于某些复杂的织物表面，可以采用特殊的橡皮泥，使之与各个角落充分接触，将尘土去除。但此方法不适用于特别糟朽的织物，粘胶带和橡皮泥有可能将脆弱的纺织品粘下。

三、纺织品的水洗

在纺织品保护中，水扮演着极其重要的角色。以水为清洗介质来清除纺织品上的污物和杂质的方法称为水洗，这是最经济、最常用的方法。当纺织品具有足够强度，同时颜料或染料具有一定的色牢度时，方可采用水洗。

（一）水洗的优点

第一，水具有化学极性，能够溶解部分有机类或无机类污迹。

第二，天然纤维在降解过程中，会生成一些黄色的酸性产物，对纺织品的保存不利，水能够非常安全地去除这些降解产物。

第三，水具有良好的流动性，纺织品一旦浸泡其中，水发挥着可塑剂的作用，使纺织品处于可塑状态，可以在一定程度上增加纤维的弹性和柔软度，缓解纤维、丝线和织物之间的应力，消除纺织品上的弹性变形（如褶皱）。移位的经、纬线也可以进行再定位，使纺织品恢复初始状态。

第四，与有机溶剂相比，水价廉易得，环境友好，不存在职业健康隐患。

（二）水洗的弊端

第一，古代纺织品大多采用植物染料染色而成，水会造成染料的流淌，造成纺织品的褪色或晕色。

第二，水在清洗过程中，会从纤维表面带走大量的污迹和降解产物。对于严重降解的纺织品，水洗会造成较大的纤维失重率，严重时会导致织物的瓦解。

第三，水洗会造成起绒类织物或绣品表面信息的丢失。

第四，纺织品在织造过程中，经常会用到各种金属线。例如，将金、银等金属制成金、银箔，通过胶黏剂，将金箔与不同材质的基质（如纸张、皮革、羽毛、羊皮纸等）黏结在一起，即为金银线。一般，金银线惧水惧碱，对于加金织物，水会造成基质的溶胀、胶黏剂的溶解和金箔的脱落。

第五，水洗会造成纤维的溶胀、收缩和变形。对于复合材质类纺织品，这种效应更加明显。

第六，水洗过程中，纤维吸收了大量的水分，自重增加，此时一旦施加不恰当的外力，织物就会发生机械损伤。

（三）清洗用水的要求

清洗用水一般分为纯水和自来水两种，其中纯水包括去离子水和蒸馏水。去离子水是用离子交换树脂去除钙、镁等重金属离子之后的水；蒸馏水是自来水经过加热蒸发，获得软水。去离子水和蒸馏水市场有售，如果用量不大，可以到超市购买；如果用量很大，可以联系专门的蒸馏水（去离子水）生产厂家。目前，市场上出现一种纯水机，可以替代蒸馏水和去离子水发生器，许多博物馆实验室相继采用。

自来水是最常见易得的清洗用水，但是一般不赞成使用，这是因为自来水只是经过初步净化，含有大量的钙镁离子。钙镁离子在纺织品的水洗中扮演着负面的角色——它们在污迹和纺织品纤维之间起着连接作用，使污迹难以去除。同时，使有机溶剂的化学特性和洗涤剂的发泡性能难以发挥，清洗后的残留对纺织品的保护不利。但由于其价格便宜，取用方便，当出现大量污染严重的纺织品需要清洗时，可考虑在清洗开始和结束时用去离子水或蒸馏水浸泡，中间采用自来水漂洗。当然，珍贵的纺织品不宜用自来水清洗。

四、纺织品的干洗

（一）干洗的适用范围

干洗是指采用有机溶剂对纺织品进行清洗。如果纺织品存在以下情况，就必须干洗：经过色牢度测试，发现染料不耐水洗；纺织品已经出现严重老化，水洗会引发纤维的溶胀和流失；对于起绒类纺织品，水洗会引起绒圈收缩、变形、并结；当纺织品经过特殊的表面处理时（如上浆），必须干洗；在处理多层纺织品时，尽量考虑干洗，如果水洗，不同层次之间的溶胀收缩不同，会引起变形。

干洗也有其局限性。首先，不能有效去除纤维表面聚集的老化产物，正是这些老化产物使纺织品泛黄，当我们面对一件已经泛黄的本色或白色织物时，水洗显然能够有效地恢复其原有色泽；其次，当纺织品上的污迹为糖类、淀粉类、蛋白类等，有机溶剂往往无法奏效；第三，有机溶剂不能有效地去除纺织品上的皱褶；第四，在处理彩绘纺织品时，有机溶剂也许会造成彩绘层胶黏剂的溶解。

适用干洗法洗涤的污迹有油、脂蜡、焦油、树脂、黏结剂、虫胶、油漆、涂料、橡胶和塑料等。这些污迹虽然也可以在水中用皂化或用洗涤剂来乳化，但使用溶剂清洗更安全、有效。与水洗相比，干洗不会引发纤维的溶胀和流失，可以最大限度地保留染料，不会引起纺织品褪色，同时能够去除某些脂溶性的污迹，因此是一种不可替代的清洗方法。但是，在干洗过程中需要用到大量的有机溶剂，在增加清洗成本的同时，还给环境和从业人员的健康带来隐患，因此必须慎重。

（二）常用的有机溶剂

纺织品清洗中最常用有机溶剂的是三氯乙烯，这种溶剂易挥发、不易燃。用纯的冷溶剂浸洗纺织品文物时，浸渍时间一般不超过 30 分钟。如果用三氯乙烯浸洗时，织物上的颜色有流淌现象，则可改用二氯乙烯。

石油溶剂也是优良的清洗剂，特别适用于除去油脂类和染料的污斑。石油溶剂价格便宜，毒性小，不易爆炸，使用较安全，而且对大多数纺织品无害。若有糖、盐和其他水溶性沉积类污迹存在时，可以稍加一些水到溶剂中，使之发生乳化作用后，即可将污迹去除。

有机芳烃类溶剂，如苯、甲苯、二甲苯类可以除去那些由食物、煤烟沾污而造成的污迹。有机醇类如甲醇、乙醇溶剂可以去除虫胶和树脂类污迹。对于纤维素类的黏合剂，则可用丙酮、乙酸乙酯、乙酸戊酯或其他的酮类和酯类溶剂除去。漆和涂料形成的膜，通常只能用某种溶剂软化后，用小刀或其他工具仔细剔去。

五、纺织品清洗的实施

（一）纺织品清洗的程序

1. 局部实验

清洗前要先进行局部试验，以判断清洗是否会造成不良后果（如纤维流失、褪色等），确定安全后方可进行大面积清洗。在清洗表面装饰纺织品（如刺绣、彩绘等）或有颜色的纺织品时，局部实验必不可少。

局部实验应该选取纺织品上的隐蔽部位进行，常用的方法是在局部实验区域铺垫一张吸水性强的白纸（如滤纸、宣纸等），然后用脱脂棉球蘸取清洗溶剂放在纺织品上，一分钟后，看看白纸上是否有颜色，如果有颜色的痕迹，即表明此溶剂会造成纺织品褪色。在清洗过程中，可用 5% 的普通食盐溶液或 2% ~ 5% 的醋酸溶液来固定颜色。

2. 表面清洗

先采用物理方法对纺织品进行表面清洗，如用博物馆专用吸尘器吸去隐藏在纺织品表面的灰尘、污物等。

3. 清洗前的准备

清洗中的纺织品文物一般比较脆弱，因此必须为纺织品提供足够的支持与防护。常用的方法是先根据纺织品的尺寸，裁出相应大小的塑料薄膜，平铺在清洗槽或清洗台上，然后将纺织品平铺其上。

必要时在纺织品表面加覆一层轻薄透明的尼龙网，避免清洗过程中直接触及纺织品，同时对清洗过程中的纺织品起到固定的作用。

4. 浸泡和漂洗

用去离子水充分浸润纺织品，水的高度以能够浸没纺织品为宜，浸泡时间一般控制在 10min 左右。在浸泡过程中，纤维在水的作用下会疏解开来，此时可以用手轻轻按压纺织品，尽可能抚平纺织品表面的褶皱，理顺纤维，此时可以看到污迹在水的作用下会有所溶解。

倾斜清洗台，将污水尽量排出，必要时可以使用毛巾或吸水纸将纺织品中的水分吸干。继续用水清洗，重复上述步骤，直至洗液变得干净时，吸干纺织品。

配制适当浓度的洗涤溶液，均匀地倒在纺织品表面。此时可以使用软羊毛刷，在纺织品表面顺着经、纬线的方向轻轻地刷，切忌用力。如果纺织品比较厚实，可以用海绵轻轻地按压纺织品表面。

10min 后，将洗液排尽，用缓慢的水流漂洗纺织品。此时可以借助海绵或毛刷，尽可能地将污物和洗涤液漂洗干净。在漂洗过程中，水流必须缓慢流经纺织品表面，这样才能确保残留在纺织品内部的洗涤剂被新鲜水流充分置换出来。如果有必要，可以使水流静止，将纺织品浸泡数分钟，漂洗效果更佳。

清洗纺织品时，一般先洗污染比较严重的表面。表面清洗完毕后，需要将纺织品翻转，对另一面进行清洗。翻转方法是揭除覆盖在纺织品表面的尼龙网，换上一张塑料薄膜，这样一来，纺织品就被夹持在两张塑料薄膜之间。在塑料薄膜的帮助下，将纺织品翻转，然后将表面塑料薄膜去除，重新覆盖一层尼龙网，开始对另一面进行清洗。

彻底漂洗后，需要将纺织品中残留的多余水分吸除。将吸水性强的白色毛巾或棉布平盖在纺织品上，用手轻轻按压，使多余的水分被吸除。使用过的毛巾和棉布必须清洗干净，方可重复使用。如果纺织品特别轻薄，也可以用相对轻薄的宣纸吸水。此时按压力度不可过大，否则纺织品的表面会丧失许多信息，尤其对于一些具有立体表面结构的纺织品，如起绒类织物，更加需要谨慎。

5. 平整和干燥

在彻底漂洗干净、吸干多余水分之后，揭去尼龙网，在纺织品上覆盖一层塑料薄膜，在两层塑料薄膜的夹持下，将清洗好的纺织品从清洗区移至干燥区。

用海绵吸除纺织品中残余的水分，此时纺织品中残留的水分已经不多了，必须尽快对之进行干燥平整。平整之后的纺织品进入干燥阶段。此时切记：干燥只能在室内阴干，不可在太阳下晒，也不可烘干。平整的具体方法可以参见相关章节。

一般的轻薄织物在室温条件下，隔夜即干。如果天气寒冷潮湿，或者纺织品过于厚实，就必须借助于外部设施来加快干燥，例如开启空调或热风机，将热风机开到最小档，热风缓慢吹过潮湿的纺织品表面，带走大量水分。为了使得干燥均匀，必须不断变换热风机的位置。考虑到温度过高会加速蛋白质和纤维素的老化，因此热风机只能开到最小档。有些纺织品在清洗之前的色牢度测试中不会褪色，但是在将干未干的时候，染料极易出现流淌现象，因此必须尽快干燥。

（二）清洗方案的制订

纺织品的清洗与污迹的性质、织物纤维、保存状况等有密切的关系，应根据不同情况，采用不同的清洗方法。下面根据处理对象的具体情况，介绍清洗方案的大致思路。

1. 残片类

这类平面纺织品大多尺寸较小，清洗最为简单。如果残片的强度较好，色牢度较佳，则可以将之平铺在一个平面上，用连续水流进行清洗。如果残片已经非常糟朽，或者在水洗过程中会发生褪色现象，则应该考虑干洗。至于在干燥时，正面是朝上还是朝下，应该视具体情况而定。一般来说，纺织品在干燥过程中最好正面朝上，但是如果纺织品的背面有浮长（如妆花缎），那么必须正面朝下。在干燥过程中应该仔细理顺每根浮长，及时吸干浮长中残留的水分，否则在干燥过程中会出现水印。对于某些特别容易卷曲的残片，可以在表面加覆一层轻薄的尼龙网，然后在网的边缘处加以重物压实。避免直接在纺织品表面加覆重物压实，以免干燥不均匀。

2. 有表面装饰的纺织品

常见的具有表面装饰的纺织品为刺绣，在清洗这类纺织品的时候必须慎之又慎。这类纺织品的色牢度大多不佳，一般需要干洗，只有确定不会褪色后方能水洗。如果绣线中有金线或鸟类羽毛，此时千万不可冒险进行清洗，建议采用表面清洗。

如果纺织品表面有彩绘，要慎重选择清洗方法。至于是水洗还是干洗，必须仔细考察彩绘层中胶黏剂的溶解特性而定。如果胶黏剂为水溶性，则干洗；如果胶黏剂为脂溶性，则水洗。同时，在清洗过程中不可触及彩绘区域，否则彩绘层会脱落。当彩绘区域较大时，由于表面张力的不同，纺织品在清洗和干燥过程中会发生变形，为了将变形降低至最低程度，在干燥过程中加覆薄网，在四周用重物压实。

无论是干洗还是水洗，在清洗过程中，必须对表面装饰区域提供足够的防护。在操作过程中，应该尽量避免摩擦、按压，否则会破坏表面信息。干燥的重点在于尽快完成，为了加速干燥，可以用吸水性强的宣纸或软布吸除多余的水分，必要时可以采用电吹风加速干燥。

3. 厚重平面纺织品

地毯、壁挂等厚重平面纺织品大多为起绒组织，表面清洗是非常必要且有效的先行步骤。如果有必要进行清洗，那么应该首先考虑干洗。如果水洗，则应该尽量避免使用洗涤剂，以免残留。干燥过程中注意平整，否则会发生变形。

4. 复合材质纺织品

纺织品经常与木材、皮革复合在一起，在清洗这类纺织品时必须谨慎。当处理对象不是单纯的纺织品时，首先应该将之分离拆除，然后依照常规处理，处理完毕后再复原。在拆除之前，必须详细记录纺织品的位置和状况，为日后的复原留下依据。如果无法拆除，那么应该尽量采用表面清洗的方法进行处理。

（三）清洗方法的评价

古代纺织品清洗之后，应该进行效果评估，评估的内容包括宏观和微观两方面。宏观内容有污染物被清洗去除的程度、色彩的变化、纺织品手感、织物组织结构破坏情况。微观内容有蚕丝纤维形态变化、内部化学结构改变与否、材料学性能的变化等。清洗过程带来的损伤必然存在，但必须对清洗的效果有一个科学的评估，确定合理的控制范围。

清洗方法应该符合如下的技术特征：

第一，绝大部分污染物被清洗干净，洗净度 80% 以上。

第二，纺织品的色彩无明显变化。

第三，纺织品保持良好的手感，无发硬、脆化等情况。

第四，织物组织结构未受到明显破坏，单位面积内经、纬线密度和纱线的捻度未发生改变。

第五，蚕丝纤维形态没有发生显著变化，无丝纤维断裂、劈裂、变形、溶胀和丝胶剥落等现象出现。

第六，蚕丝纤维的化学组成和结构未发生改变。

第七，蚕丝纤维的机械和材料学性能得以保持。

第四节　加固与修复

出土的纺织品由于长期深埋地下，不同程度地受到环境的影响、泥土的挤压、微生物和尸腐物的侵蚀，质地受到破坏，强度下降。例如有的发硬、变脆，有的残破如蜘蛛网，有的经不起手拿，一触即破。因此，为了保护珍贵的纺织品文物，再现各个历史时期的纺织品风貌，国内外文物保护工作者用各种传统的和现代的技术来探索纺织品文物的加固和修复方法，取得了不少成果。

一、修复工作台与照明工具

（一）常用的修复工作台

纺织品物理处理时所用的工作台，应该以不伤害文物、便于文物保护人员工作为原则。工作台的表面要求光滑平整，以免钩刮、摩擦纺织品，对文物造成损伤。工作台的高度要符合人体工程学的要求，以便于工作人员操作。台面面积的规格较多，可根据所需处理文物的大小来选择。

1. 普通工作台

用于纺织品修复的普通工作台，其主体为木质结构，高度一般与写字台相近，大约在 75～80cm 之间。工作时将纺织品放置于台面上，台面应平滑，避免刮伤文物。这类工作台的台面面积一般比较大，以便于平摊较大面积的纺织品。

2. 玻璃台面工作台

玻璃台面工作台的高度与普通工作台相近，台体为木质框架，台面选用具有一定厚度的玻璃板，底部装有可随意转动的滚轮，便于移动。修复文物时，纺织品平铺在玻璃台面上，正上方放置一个照明灯箱。当灯光亮起时，就可以清晰地分辨出织物的经纬线及织物上的纹饰图案等，从而有助于修复工作的进行。

3. 拷贝台

拷贝台是用于描绘纺织品图案纹样的工作台。其高度与普通工作台相近，台面采用玻璃板，其余部分一般为木质结构。工作台上半部分为一箱体，内部装有日光灯。当灯光亮起时，平铺在玻璃台面上的纺织品由于下部光线的映射，纹样能够较清晰地显现出来。此时，将一层透明的临摹纸覆盖于织物表面，用笔沿图案边缘描摹，所得图案可供分析研究之用。

4. 斜面可调节工作台

斜面可调节工作台由上、下两层台面组成，而且两层台面的纵向边缘均具有一定的弧度。下层台面水平固定，上层台面的一边可调节高度，从而使工作桌面达到符合工作要求的斜度。当上下两层台面均处于水平状态时，则在两层板之间形成一个槽。此工作台特别适合较长的面料修复，面料被修复的一段铺于台面上，其余部分则存放于两层台面之间的空槽内。

5. 其他工作台

为了便于不同种类纺织品的修复，有时需要借助其他设施与工作台组合使用。例如，在工作台上面铺一块面板作为修复台面，该面板设有可移动的"窗"，使针线的上下穿引非常方便，这种工作台适合较厚纺织品的修复。或者用普通工作桌与带滚轴的架子组合。这种组合式的工作台适合较长、较厚的匹料或是用金属线的修复。操作时，将待修复部分与背衬材料平铺在桌面上，用重物（如磁铁等）压住，修复好的部分缠绕在滚轴上。此时，在桌面与卷轴之间的部分正反面都处于裸露状态，便于缝针垂直穿引，有利于使用金属线的修复。这种带滚轴的木架子简单、易制作，而且可与多种工作桌搭配使用。

（二）常用的照明工具

在对纺织品文物进行物理修复时，足够的照明条件是工作顺利展开的保证。但是，从文物的贮存条件可知，如果灯光中含有大量紫外线，会对文物造成损伤。因此，应根据光照环境标准来选择文物修复时的照明设备。常见的照明设备如下：

HAROLUX-black line 日光型（无阴影）照明设备：HAROLUX-black line 照明系统是修复工作室专业设备，它提供理想的日光光源，且无刺眼的反光。照明灯主架采用气体液压升高，上下轻松自由。照明灯由 8 个 18W 专业灯组成，由 4 个电器串联装置使其不产生耀眼的闪光，光线柔和无阴影，光亮照度为理想的日光。玻璃钢灯罩具有紫外线防护作用，并且可以自由旋转。照明灯脚设计采用 U 型，给修复人员提供了更大的空间。

台式日光性照明灯：台式灯可固定在工作台面，灯身可以自由伸长和上下运动，灯管的温度能够保持最低的热量和保持很强的灯光，并且不产生光影。灯管的寿命大约在 6000 小时。

日光型工作室照明灯（特殊紫外线去除）：该灯是落地式照明灯，用新型材料卤金属气体制作，紫外线几乎 100% 被滤掉。灯罩部分为三面遮光反射板，并且可翻转上下 45° 的角度，高度为 110 ~ 190cm。灯从开始的 250W 经过几分钟预热，将产生 1000W 以上的照度。

豪华放大照明灯 WAVE：此照明灯加带两个 7W 节能灯，金属桌夹，可夹厚度最大为 60mm。该放大照明灯是灯和放大镜的完美结合，超大的正方形视野范围和通过灯光不规则分配而保证的灯光无频闪，创造了一个良好的工作环境。镜片可更换到折光度为 8，这使得工作时可以更加清晰地看清每个细节，而且特殊的双轴承设计使它可以在各个角度进行工作。

二、起皱织物的平整

（一）平整的基本过程

起皱的纺织品文物在清洗干净后，需要进行平整处理，使织物经平纬直。目前所用平整方法的原理，主要是将纺织品回潮，利用天然纤维在湿润状态下易变形的特点，使织物最大程度地恢复到初始的平整状态。

平面纺织品平整的基本过程如下：

1. 回潮纺织品

回潮的目的是使纺织品中的纤维在湿润状态下变得柔软，易于变形和整理。在这一过程中，需要严格控制加湿的程度，避免过度湿润导致纤维膨胀、变形或颜色褪色。

2. 整形

在纺织品回潮后，需要用手或专用工具轻轻拉伸和整理织物，使其经纬线条平直、无扭曲。在整形过程中，应特别注意保持织物的原始形状和尺寸，避免过度拉伸或压缩。同时，对于不同材质和结构的纺织品，应采取不同的整形方法和力度，以确保整形效果达到最佳。

3. 压放重物

压放重物是为了使整形后的纺织品保持平整状态，并促进其内部纤维的重新排列和固定。在选择重物时，应考虑其重量和形状，以确保能够均匀地施加压力于纺织品上。通常，可以使用平整的石块、金属板或专用压板作为重物。在压放重物时，应逐渐增加压力，避免突然的重压导致纺织品受损。同时，需要定期检查纺织品的受压情况，及时调整重物的位置和重量。

4. 干燥

在干燥过程中，需要保持适宜的温度和湿度条件，以避免纺织品因过快干燥而产生新的皱褶或变形。通常，可以采用自然干燥或低温烘干的方法。在干燥过程中，应不断观察纺织品的干燥程度，确保其逐渐恢复到初始的平整状态。同时，对于不同材质和颜色的纺织品，应采取不同的干燥方法和时间控制，以确保其质量和颜色的稳定性。

立体纺织品的平整：由于立体纺织品的形状和结构较为复杂，有时需将纺织品放在适当的模具上进行加湿平整，以使织物的形状得到较好的恢复。在选择模具时，应根据纺织品的形状和尺寸进行定制，确保其能够紧密贴合纺织品的表面并施加均匀的压力。同时，在加湿和干燥过程中也需要特别注意控制湿度和温度条件以避免对立体纺织品造成损害。

（二）起皱织物的平整方法

1. 蒸汽回潮法

（1）真空蒸汽加湿机。此方法是利用蒸汽发生器给纺织品加湿。回潮时，将纺织品文物置于能隔绝蒸汽的罩子内，并放置一个湿度计在里面，以保证内部的湿度恒定，使蒸汽缓慢地渗透进织物内部，避免蒸汽在织物表面积水。当织物达到一定的潮湿状态后，关闭蒸汽，对起皱部分进行整理，对好经纬线，压放重物平整。待织物干燥后，撤去重物，再次用蒸汽发生器加湿，然后再做平整处理。如此反复，直到织物达到平整状态为止。此方法回潮速度较慢，对织物纤维损伤小，适合较脆弱的纺织品的平整。

（2）蒸汽喷枪。此设备主体为一个蒸汽发生器，与之通过软管相连的是形如手枪的手持式喷气口。蒸汽在喷出来之前可经加热处理，只需设定温度即可。该加湿器特别适用于立体类服饰的加湿平整，对于褶皱程度较轻的折痕，去除效果明显，且对文物影响较小，只是加湿的过程较长，产生效果较慢，需要较大的耐心。

2.Gore-Tex 回潮法

Gore-Tex 是一种半渗透膜材料，表面看起来类似白纸，主要的特点是可以保证水分子从一面透过而从另一面不能渗回来，为纺织品提供最温和的加湿。使用时，将其覆盖于织物上（注意分清正反面），在它的上面再盖一层湿的织物或其他含有水分的材料。这样，上面不断有水分子进入，文物便会慢慢回潮。潮湿的文物便可以调整其经纬线，达到平整状态。但此方法加湿所需的时间较长，往往要几天甚至更长的时间才能达到预期效果。该方法在国外也经常用于纸制品的回潮。

3. 喷雾回潮法

用手持式轻巧的喷雾器，直接将水雾喷于待平整的织物表面，是一种快速的回潮方法，简便易行。但由于喷出的水量相对较多，致使织物的润湿程度要较前两种方法大得多，且织物回潮的速度较快，可能导致干燥后褶皱部分易反弹。

4. 磁铁和沙包平整法

此两种方法是将文物铺放于垫板上平整，垫板是用平滑的薄铁皮包覆白平布和复合塑料薄膜而成的。磁铁的形状有正方形、矩形、圆形等，用于平整的磁铁需用软棉布包覆，以防与纺织品文物接触时伤及文物。平整时，将需要平整的半干纺织品平摊在垫板上，轻轻地将织物的经纬线理顺，然后压上磁铁。值得注意的是，薄型织物不能绷得太紧，以防在干燥时开裂。干燥过程中可随着织物的不断干燥，对织物做相应的松紧调整。

沙包是将小钢珠或石英砂等装入布袋中缝制而成。利用沙包平整织物是一种简易的平整方法，类似于磁铁平整。使用时，只要将沙包放在待平整文物的相应位置即可。

5. 标本针平整法

标本针平整法是在织物干燥平整的过程中，利用标本针固定其形状的一种方法。一般情况下不使用此方法，当一些小件的纺织品或是蕾丝制品的确需在干燥过程中保持一定的形状时，才应用这个方法。平整时，在无酸的木板上铺一层细布，上面平摊半干的纺织品，将织物理顺后，在相应的位置钉上标本针作固定，待纺织品干燥即可。在干燥过程中，由于织物会有轻微的收缩，所以要适当地移动标本针的位置，以防织物受张力过大。标本针即为固定昆虫标本的较为细长的不锈钢大头针，通用的昆虫针有七种，即 00、0、1、2、3、4、5 号。0 至 5 号针的长度为 39 毫米。0 号针最细，直径 0.3 毫米，每增加一号，其直径增粗 0.1 毫米。另外还有一种没有针帽、很细的短针为 00 号针，是把 0 号针自尖端向上 1/3 处剪断，即成 00 号短针。

三、平面织物的固定方法

（一）用夹持法来固定平面织物

夹持法作为一种非侵入性的加固方式，在文物保护领域具有显著的优势。它不会对织物本身造成化学或物理性质的改变，仅通过外部夹持来保持织物的平整和稳定。这种方法特别适用于那些脆弱且不宜进行复杂处理的文物。在博物馆的陈列展览中，采用透明材料作为夹持层，可以确保观众清晰地观赏到织物的细节，同时提供必要的保护。

1. 玻璃夹持法

玻璃夹持法是利用两片玻璃将平面织物夹在中间，通过适当的固定方式（如使用胶带或专用夹具）使玻璃板紧密贴合，从而固定织物。这种方法简单易行，且玻璃材料的透明度高，能够确保观众清晰地看到织物。然而，玻璃材料较重，且易碎，因此在搬运和陈列时需特别小心。此外，玻璃材料在温差变化较大时可能因热胀冷缩而对织物造成压力，因此需要控制好陈列环境的温度。

2. 有机玻璃夹持

有机玻璃（亚克力）夹持法与玻璃夹持法类似，但使用的是有机玻璃材料。

相比传统玻璃，有机玻璃更轻、更耐冲击，且不易碎裂。这使得有机玻璃成为一种更安全的选择，特别是在需要频繁移动或调整展品的情况下。同时，有机玻璃的透明度也很高，能够提供良好的展示效果。但需要注意的是，有机玻璃在长时间受紫外线照射后可能会变黄，影响展示效果，因此需要做好紫外线的防护工作。

3. 树脂膜夹持

树脂膜夹持法是一种使用树脂膜材料来夹持固定平面织物的方法。树脂膜具有较高的透明度、柔韧性和耐久性，能够根据织物的形状和尺寸进行灵活调整。这种方法特别适用于那些形状不规则或尺寸较大的织物。此外，树脂膜的重量轻，便于搬运和安装。但需要注意的是，树脂膜可能会受到化学物质的影响而发生变化，因此在选择和使用时需要谨慎。

4. 卡纸夹持

卡纸夹持法是一种简单且经济的固定方法。它使用具有一定厚度的卡纸作为夹持材料，将织物夹在两张卡纸之间。卡纸的优点是轻便、易于处理，且成本较低。然而，卡纸的透明度不如玻璃或有机玻璃，可能会对织物的展示效果产生一定影响。此外，卡纸容易受潮和变形，因此需要在干燥、通风的环境中保存和使用。

在博物馆的日常陈列中，经常使用卡纸夹持法来固定一些小型的纺织品文物，如手帕、围巾等。这种方法既经济又实用，能够满足基本的陈列需求。

（二）用装裱法来加固平面织物

装裱法作为一种传统的文物保护技术，对于加固平面织物具有重要意义。这种方法主要是通过将织物粘贴在特定的支撑材料上，以增强其结构稳定性，防止进一步的损坏。在实际操作中，装裱法的技术细节和步骤十分关键，具体如下：

首先，需要准备适宜的工作环境和必要的工具材料。工作环境应保持清洁、干燥、通风良好，并确保有足够的光线以便于细致操作。工具材料方面，需要准备高质量的宣纸或绢作为托料，这是因为这些材料具有良好的柔韧性和耐久性，能够与原始织物紧密结合，提供稳固的支撑。同时，还需准备天然胶黏剂，如淀粉浆糊或动物胶，这些胶黏剂具有适宜的黏性和可逆性，既能牢固粘贴织物，又不会对其造成损害。

接下来是具体的托裱步骤。首先要对原始织物进行细致的清洁和整理，去除表面的污渍和尘埃，确保其处于干燥、平整的状态。这一步骤至关重要，因为它直接影响到后续装裱的效果和织物的保存状况。

然后，在准备好的托料上均匀涂抹胶黏剂。涂抹时要控制胶黏剂的用量，既要确保足够的黏性，又要避免过多的胶黏剂渗透到织物中造成损害。涂抹完毕后，将原始织物轻轻放置在涂有胶黏剂的托料上，用手或专用工具轻轻按压，使其与托料紧密结合。

在托裱过程中，需要注意避免织物产生褶皱或气泡。为此，可以在放置织物前先用重物压实托料，以确保其平整无皱。同时，在按压织物时，应从中心向四周逐渐推开，以避免产生气泡或褶皱。

完成托裱后，需要对织物进行干燥和固定。干燥过程中应避免阳光直射和高温烘烤，以防止胶黏剂过快干燥导致开裂或脱落。固定时可以采用专用夹具或绷带将织物紧绷在平整的板面上，以确保其形状和尺寸的稳定性。

最后，对托裱后的织物进行细致的检查和修整。检查过程中应重点关注胶黏剂的均匀性、织物的平整度和固定效果等方面。如发现问题应及时进行修整和处理，以确保托裱质量达到最佳状态。

（三）化学法加固纺织品

1. 化学加固的原则

对于能否在纺织品上使用加固剂，一直有争议。美国曾经于 1986 年在全国范围内开展过一次关于加固剂的问卷调查，调查对象为高分子类加固剂，关注的指标包括柔软度、溶解性和光泽度。在同一调查中，人们对纺织品加固剂的使用达成共识，形成如下原则：

（1）加固剂必须能够去除，也就是文物保护中所强调的"可逆性"或者"可重复性"。

（2）加固剂应该尽量化学中性，如果不能够维持中性，必须具备稳定的化学性质和优异的抗老化性能。一旦老化也不会发生交联反应，不会渗入纤维内部。

（3）在尽量不改变纺织品外观和柔软度的前提下，加固剂必须明显提高纺织品的抗撕裂强度和断裂强度。加固剂必须具有一定的强度，能够为糟朽丝织品提供一定的支持。

（4）只有在洁净表面上，加固剂的黏结作用才能最大限度地发挥，因此，纺织品在接受加固剂处理之前，一般要经过水洗或化学溶剂清洗。

（5）采用加固剂对纺织品进行局部加固时，必须理顺经纬线，以免纺织品发生变形。

（6）使用热敏型加固剂时，必须严格控制加热温度，以免对纺织品本身或着色区域造成不必要的破坏。

（7）尽量避免将加固剂直接施加在纺织品上。

（8）加固剂能够对抗外界的环境变化，不易滋生虫霉。

2. 化学加固的适用范围

18 世纪 60 年代之后的纺织品一般都经历了化学方法的处理，如化学染料染色、重金属盐增重、漂白等。随着时间的流逝，这些处理方法不同程度地加快了纺织品的降解，严重者已是一触即碎，根本无法承受针线的穿引，此时可以考虑采用化学加固。如果需要对胶黏剂的使用场合进行一个规则性的界定，那么，彩绘纺织品和糟朽纺织品可以作为适用案例的典范。当然，在判断是否能够使用胶黏剂加固的问题上，纺织品保护师的专业素质、知识结构和个人喜好是非常重要的影响因素。

3. 化学加固剂的分类

加固剂的分类方法很多，按应用方法可以分为热固型、热熔型、室温固化型、压敏型等；按形态可以分为水溶型、水乳型、溶剂型以及各种固态型等；按来源又可分为天然型和合成型。

淀粉和动物胶是最常用的，其优点在于可逆性强，简单的水洗或酶处理即可去除。但是，这类加固剂老化之后会收缩、开裂、变硬、发脆，同时容易滋生霉菌。为了避免这些弊端，人们开始对天然聚合物进行修饰，其中最适合修饰的天然聚合物为纤维素，这主要是因为纤维素分子链上存在着三个自由的羟基，非常利于化学修饰。纺织品加固中常用的加固剂有甲基纤维素、甲基纤维素钠盐、羧甲基纤维素、羧甲基纤维素钠盐。

随着高分子技术的发展，人们开始将合成产物用于纺织品加固，其中包括硝化纤维素、多乙酸乙烯酯、聚乙烯醇、聚乙烯醇缩丁醛、聚丙烯酸酯，这些加固剂的优点是比较柔软，但是老化问题不容忽视。

4. 加固剂的使用和去除

与针线法修复一样，采用化学加固处理纺织品需要同样的精准度和精湛的工艺。

其实，加固剂在文物保护领域的应用由来已久。也许在其他类别的文物保护过程中，会直接将加固剂施加到文物表面或需要修复的地方，但是在纺织品的修复过程中，应该尽量避免这样做。具体的操作方法是：先将加固剂稀释，然后选择一块合适的背衬织物，将之平铺在有特氟龙涂层的玻璃纤维板上，将稀释后的加固剂喷涂或者平刷到背衬上，这样就可以利用最少的加固剂来获得最大的黏结力。制作好的背衬，表面已经涂覆了一层加固剂，然后将之平铺到需要加固的纺织品背面，然后进行加热使之软化，加热可以在专门的低压台上进行。软化之后的背衬，可以非常服帖地与加固对象吻合，就像热压成膜一样，从而使纺织品的整体强度得到大大提高。

如何去除施加于纺织品上的加固剂，一直是一个难题。人们之所以对加固剂的使用有种种顾虑，主要焦点是加固剂是否具有真正意义上的可逆性或再处理性。一般来说，加固剂老化之后，物化性质发生变化，主要表现在溶解度的变化，也就是说，无法再完全溶解于原先使用的溶剂中，这样残留大大增加，引发纺织品的进一步老化。

老化之后，加固剂一般会在纺织品表面形成一层致密的加固膜，可以通过机械方法将之剥离。如果加固剂为水溶性，可以采用常规的水洗将之去除，当然，前提是纺织品的状况足够好，可以经受水洗。如果加固剂为天然型，如淀粉，可以考虑采用合适的淀粉酶进行处理。

真正具有可逆性的加固剂是指那些成膜性能极佳，会在纺织品表面形成膜的类型，这样甚至不需借助溶剂，就可以把这层膜剥离下来，只有这种加固剂才是真正可逆的。但遗憾的是，这种真正可逆的加固剂往往加固性能不佳，因为它们只是停留在纤维表面，未能渗透进入到纤维内部。

（四）丝网加固法

丝网和丝胶加固法采用真丝为材料，另以聚乙烯醇缩丁醛（PVB）和无水乙醇(或乙醇)按重量比配成3% ~ 6%的透明无色胶液。制作丝网时，采用单根蚕丝，在车床刀架上装上金属丝制成的"Y"形"导丝嘴"（凡具丝杠者均可）或自制的绕网机上绕制加工。成品具有平纹织物的外观，密度可任意调整，但经纬不交织，系上下两层叠压胶结成型。由于聚乙烯醇缩丁醛具有热溶性和液溶性（如醇、酯、酮烷等有机溶剂多可溶解），利用这一特点，各种丝网成品均可以用热黏合或溶剂黏合法，贴到书画、丝绸等薄质文物上。一般是能够耐受热压作用的文物或不能耐受某种溶剂的文物，采用热黏合贴网加固（比如有相当强度的印刷字书、文件等）。反之，对于不能和不宜热压作的书画、古丝绸等文物，则以溶贴法为宜。溶剂可用乙醇、丙酮等。

丝网有两种形式，为有膜丝网和无膜丝网。对于那些朽败过甚、整体连接力很差或者表层粉化、脆弱程度大的纺织品，则以有膜丝网做加固最为有利。膜网上的"膜"，主要是为了让丝网能携带稍多而又分布匀薄的黏合剂。

桑蚕单丝网、聚乙烯醇缩丁醛对脆弱丝绸的加固技术具有很多优点：天然单根蚕丝被胶结成平整网格骨架，有稳定的形状和机械强度；PVB黏结力强、光泽低，用量少而有实效；正面蒙盖加固织物，基本不显痕迹，不影响文物的外观；比较耐老化，尤其是桑蚕丝，考古发现证明，它具有2,000～4,000年的耐久性；对文物无不良反应，并且在较长时间内仍可溶除更新。

四、丝织物文物的针线法修复

（一）针线法修复概述

出土的丝织物经过消毒清洗处理后，主要分为两类：残片和服饰。残片可采用丝网加固或玻璃夹封等保护措施，而对于残破的服饰，丝网和玻璃夹封存在一定的局限性，树脂加固、托裱等方法又不能使其复原。这时，可采用针线为主的加固修复方法，此方法是国际上最为常用的纺织品修复方法。[⑧]

针线修复法是运用缝制服饰的针线技术来修复纺织品文物的一种方法。该方法通常在纺织品文物背后或表面加衬一层现代织物，通过针线，将两层或多层织物缝合，以起到加固文物破损部分或整体的作用。因此针线修复法是一种可再处理的方法，即修复部位的材料在将来必要时可以拆除，从而恢复文物的原状。

但需注意的是，针线法修复只适用于清洗后具有一定强度、能够承受缝纫力度的纺织品。

（二）针线法修复所用的工具

1. 直缝针

直缝针的主体为圆柱形，细度较小，针体具有较好的柔韧性，修复时常用的规格为7～12号。直缝针主要用于绫、罗、纱、绢、缎、绸类等较薄织物的修复。

---

⑧ 黄建利. 古代纺织品文物修复技术及实践研究 [J]. 化纤与纺织技术，2021，50（01）：25-26.

2. 弯缝针

纺织品修复时所用的弯缝针为医用眼科手术缝针，针的主体为圆柱形，具有一定的弧度，基本呈半圆形。弯缝针主要用于较厚织物（如锦类）的修复，也可用于织物以坚硬的支撑物加固时（如锦盒等）的修复。

3. 镊子

镊子在纺织品修复时的主要作用是：织物平整时理顺经纬线、夹取脱落或多余的纱线、协助穿针等。纺织品修复所用的镊子一般为医用不锈钢镊子，要求表面光滑，以免伤及纺织品文物。常用规格为 100mm、120mm 及 140mm 等，类型有尖嘴、扁嘴、弯嘴等。一般选用头部带牙纹的品种，以增强夹取时的摩擦力。

4. 剪刀

用于纺织品文物修复的剪刀主要有两种类型：一种是用于裁剪大块的背衬材料的服装剪，另一种是针线修复时所用的医用眼部剪刀。剪裁面料的服装剪主要选用 8 ~ 12 号，只要方便操作即可。医用不锈钢剪轻巧锋利，用于剪断缝线或是织物上多余的纱线，所选用的规格主要为 10 ~ 14cm。

5. 其他

其他用于修复时的辅助工具还有医用牙科探针等。

（三）缝线的准备

1. 缝线的种类

线是服装缝制中必不可少的材料，按卷绕形式来分，常见的有绞线、轴线和宝塔线三种。按其原料的不同，可分为天然纤维缝纫线、化学纤维及混纺缝纫线、特种用线三大类。

（1）天然纤维缝纫线。天然纤维缝纫线是用天然纤维如棉、麻、丝经过加工的缝纫线。棉线是棉纱纺成的线，价格低廉，牢度一般，能耐高温，但缩水率大，可作棉布服装的用线，也可作缝纫机用的底线。丝线是用蚕丝为原料加工纺制成的，它光滑富有光泽，缩水率大，能耐高温，牢度高于棉线。丝线多用于呢服装、绸缎服装及化纤服装上。麻线主要是用麻纤维为原料加工纺制的，麻线主要用于麻类织物，衣着用品用量不多。

（2）化学纤维及混纺缝纫线。化学纤维缝纫线是用涤纶、锦纶、维纶等纤维纯纺或混纺的线，其主要品种有涤纶线、锦纶线、维纶线、涤棉混纺线等。涤纶线大多数是用 100% 的涤纶短纤维制成的，它的特点是强度高，耐磨性能好，不易霉烂。锦纶线是用纯锦纶丝制成的，其特点是断裂强度高，耐磨性能好，吸湿性小。维纶线是用纯维纶丝制成的，其特点是断裂强度高于棉线20%～40%，耐磨性能低于锦纶线，但比棉线高一倍左右，维纶线的最大优点是化学稳定性能好。涤棉混纺线一般由65%涤纶和35%的优质棉制成的。涤棉混纺线的优点是强度高，柔韧性及弹性也比较好。

（3）特种用线。特种用线指的是金银线与绣花线。金银线有金、银、红、绿、蓝五色，其色调柔和、表面光滑、色彩鲜艳。但对碱不稳定，不抗揉搓。绣花线是棉纱织物，也叫"十字线"，是缝制服装的装饰用线，花色品种繁多，色泽鲜艳。

2. 缝线品种的选择

修复用缝线的选择非常重要，线要牢固但不能僵硬。最适合纺织品修复用的是丝线，这种线比较细，但有必要的强度和弹性，能给予纺织品文物以支撑和保护，而又不损坏文物本身，并且保持得不会太坚固，在一定外力作用下，丝线会在对织物造成损伤前而断裂。在修复过程中，需要各色各样的丝线做备用。如果没有合适的颜色时，则要同染背衬材料一样地对丝线进行染色。

原则上，在修复中不赞成使用尼龙线等化学纤维缝线。因为首先尼龙线外观不及丝线柔美，用于修复显得僵硬。二是尼龙线的强度远远大于修复对象的纤维强度，在针脚处会造成局部应力过大，无形中起到切割纤维的作用，会对修复产生潜移默化的破坏。另外，尼龙线太硬，加之吸收颜色的性能不好，在织物表面易留下看得见的针脚。三是尼龙线有很长的耐久性，用于修复是不适合的，因为修复工作并不希望修复线的寿命比所修复的文物寿命长。

五、加固和修复的记录

（一）修复前的记录

纺织品文物在修复之前的状况对于文物的修复和研究来说都是非常重要的，因此，在修复前应对文物进行仔细的检查，并做好相应的记录。一般包括以下三个步骤：

第一，对接收到的文物拍照记录，包括纺织品的正面、反面、局部的破损或需拍照留底的特别之处。分析并记录纺织品的原料、颜色、尺寸及织造工艺，根据所掌握的情况，对文物的修复方案做出大致的判断。如需进行化学分析，则应请专业的分析师给予分析，从而为文物保护方法的实施提供帮助。

第二，检查文物曾经做过的修复，查阅与文物相关的历史资料和图片，必要时可请教相关的历史学家、艺术学家和以前的修复者。

第三，了解待修复文物将来的用途，是用于短期展览还是长期展览，是入库还是重新使用，因为这将关系到修复方案的确定。

以上所有结果都应记录在案，记录内容应包括织物正、反面和局部的照片，原料、制作工艺以及对文物现状的描述。如有必要，画出织物纹样及病害图。

（二）修复过程中的记录

在纺织品文物的修复过程中，详尽的记录是不可或缺的环节。修复团队需细心记录每一步所采用的具体方法，这不仅包括使用的技术、材料和工具，还涵盖了操作过程中的各种细节。例如，对于织物的清洗、加固和缝补等环节，都需要详细记载所使用的方法及其效果。此外，为了更直观地展现修复过程，必要时还需拍摄各阶段的照片。这些照片和记录对于后续的复查、研究以及可能的再次修复都具有极高的参考价值。通过这样的记录，不仅能了解文物当前的修复状态，还能为未来可能的修复工作提供宝贵的经验和数据支持。

（三）修复后的记录

纺织品文物完成修复后，对其进行全面的记录是至关重要的。这不仅是为了展示修复成果，更是为了存档和未来的参考。修复团队应对修复后的文物进行详细的拍照记录，捕捉其整体和局部的状态。同时，还应记录修复后文物的整体状况、使用的技术和材料以及修复过程中遇到的问题和解决方案。这些记录对于评估修复效果、总结经验教训以及指导未来的修复工作都具有重要意义。此外，通过对比修复前后的记录，可以更直观地看到文物的变化，从而进一步验证修复方法的有效性和可行性。这样的记录工作，不仅有助于提升我们的修复技艺，更能为纺织品文物的保护和传承提供有力的支持。

第四章　丝织品文物展示与保存的最佳光照环境

光照条件对于丝织品文物的保存至关重要。本章将深入探讨丝织品在博物馆中的最佳光照环境，分析不同采光方式的影响，并提出有效的光害消除策略。通过科学的光照管理，旨在确保这些精美丝织品在展示与保存过程中始终熠熠生辉。

第一节　丝织品在博物馆中的采光照明

丝织品作为文化遗产的重要组成部分，其保护与展示工作至关重要。在博物馆环境中，采光照明不仅关乎展品的视觉效果，更直接影响到丝织品的长期保存状态。因此，深入探讨丝织品在博物馆中的采光照明问题，对于制定科学合理的保护策略具有重要意义。

一、丝织品文物的光照敏感性分析

丝织品文物因其独特的材质和制作工艺，对光照条件表现出高度的敏感性。这种敏感性不仅体现在光照强度上，还与光线的波长成分密切相关。

（一）丝织品的基本材质特性

丝织品主要由天然纤维如蚕丝、棉、麻等制成，这些纤维主要由纤维素和蛋白质构成。纤维素是植物细胞壁的主要成分，具有吸湿性，易于受到环境温湿度的影响。蛋白质则是丝织品中动物纤维如蚕丝的主要成分，其化学性质相对活泼，易受光照、温湿度等因素的破坏。

（二）不同波长光线对丝织品的影响

光线根据波长的不同，可分为紫外光、可见光和红外光。这三种光线对丝织品的影响各不相同。

紫外光：紫外光具有较高的能量，对丝织品具有显著的光化和光解作用。长时间暴露在紫外光下，丝织品会发生褪色、变黄、发脆等现象。这是因为紫外线能够破坏纤维中的化学键，导致纤维结构的变化和颜色的消退。

可见光：可见光虽然能量较低，但长时间照射也会加速丝织品的氧化反应，促进其老化过程。可见光中的蓝光和绿光对丝织品的破坏尤为显著，它们能够穿透纤维表面，引发内部的化学反应。

红外光：红外光主要表现为热能作用，它会导致丝织品温度升高，湿度下降。这种温湿度的变化会引起丝织品的翘曲和龟裂，严重影响其外观和完整性。

（三）光照强度与暴露时间对丝织品损害程度的综合影响

光照强度和暴露时间是影响丝织品光照损害程度的两个重要因素。一般来说，光照强度越大，丝织品受到的损害就越严重。然而，即使光照强度较低，长时间的暴露也会导致显著的损害。因此，在制定丝织品的采光照明方案时，必须综合考虑光照强度和暴露时间的影响，确保丝织品在展示过程中受到的光照损害控制在可接受范围内。

具体而言，光照强度与丝织品损害程度之间的关系呈非线性特征。在低光照强度下，损害速率较慢；但随着光照强度的增加，损害速度迅速加快。同时，暴露时间的延长也会加剧光照对丝织品的损害。因此，在博物馆环境中，应严格控制展厅的光照强度，并合理安排展品的轮换和休息时间，以减少光照对丝织品的累积损害。

二、博物馆采光照明的测量与控制

博物馆作为丝织品文物的重要展示与保护场所，其采光照明条件的测量与控制对于确保文物的长期保存和最佳展示效果至关重要。本小节将深入探讨博物馆采光照明的测量与控制策略，包括照度测量、光源选择以及光照控制策略三个方面。

（一）照度测量

照度是衡量光照强度的重要指标，对于博物馆而言，合理的照度设置不仅能够提供舒适的观赏环境，还能有效保护展品免受光照损害。因此，照度的准确测量是博物馆采光照明设计的关键。

1. 环境照度与展品照度的测量方法

环境照度是指博物馆展厅内整体的光照水平，它影响着观众的观展体验和文物的保存环境。环境照度的测量通常使用照度计,在展厅内均匀分布多个测量点,取平均值作为环境照度的代表值。

展品照度则是指直接照射到展品表面的光照强度,它对于文物的光照损害具有直接影响。展品照度的测量需要在展品表面或其附近设置测量点,使用照度计进行精确测量。

2. 测量点的选择

为了确保照度测量的准确性,测量点的选择至关重要。一般来说,地面和距离地面一米处是常用的测量点。地面照度可以反映展厅整体的光照水平,而距离地面一米处的照度则更接近观众的视线高度,对于评估观众的观展体验具有重要意义。

3. 针对不同光照敏感度的区域设定照度标准

博物馆内的展品具有不同的光照敏感度,因此需要根据展品的特性设定不同的照度标准。一般来说,高敏感区如丝织品等文物,其照度应控制在 30 ~ 50lux 之间;中等敏感区如油画等,照度可设为 50 ~ 150lux;低敏感区如陶瓷等,照度可适当提高至 100 ~ 300lux;而一般工作区,如展厅的通道和休息区,照度则可大于 300lux,以满足日常工作的需要。

(二)光源选择

光源的选择对于博物馆的采光照明至关重要,它不仅影响着展品的视觉效果,还直接关系到文物的长期保存。因此,在选择博物馆光源时,需要综合考虑多个因素。

1. 理想光源的特性

对于博物馆而言,理想的光源应具备低紫外辐射、低红外辐射和高显色指数的特性。低紫外辐射可以减少光照对展品的损害,低红外辐射则有助于降低光照产生的热能,而高显色指数则能够确保展品色彩的准确还原。

2. 常用光源类型分析

目前,博物馆常用的光源类型包括荧光灯、白炽灯、金属卤化物灯和 LED 灯等。荧光灯具有较高的光效和显色指数,但紫外辐射较高;白炽灯色温适中,但光效较低;金属卤化物灯光效高、亮度强,但紫外和红外辐射均较高;而 LED 灯则具有低紫外、低红外和高显色指数的优点,是博物馆照明的理想选择。

3. 推荐使用无紫外冷光光源或带紫外线过滤措施的光源

为了最大限度地减少光照对展品的损害，博物馆应推荐使用无紫外冷光光源或带紫外线过滤措施的光源。这类光源能够有效降低紫外辐射对展品的影响，同时保持较高的光效和显色指数，为展品提供最佳的光照环境。

（三）光照控制策略

光照控制策略是博物馆采光照明设计的重要组成部分，它旨在通过合理的光照管理，确保展品在最佳的光照条件下展示，同时减少光照对展品的损害。

1. 限制照度和暴露时间，减少热作用

为了保护展品免受光照损害，博物馆应严格控制展厅的照度和展品的暴露时间。一方面，通过限制照度可以降低光照对展品的损害速率；另一方面，合理安排展品的展示时间和轮换周期，可以减少展品在光照下的暴露时间，从而降低光照损害的累积效应。此外，还可以通过降低光照产生的热能来减少热作用对展品的影响。

2. 采用智能调光系统，根据展品需求自动调节光照强度

随着科技的发展，智能调光系统在博物馆照明中的应用越来越广泛。通过安装光照传感器和智能控制系统，可以实时监测展厅的光照条件，并根据展品的特性自动调节光照强度。这种智能化的光照控制策略不仅能够确保展品在最佳的光照条件下展示，还能有效延长展品的保存寿命。

3. 定期检测与维护照明设备，确保其性能稳定

照明设备的性能稳定对于博物馆的采光照明至关重要。因此，博物馆应定期对照明设备进行检测与维护，确保其光效、显色指数和紫外辐射等性能指标符合设计要求。同时，对于损坏或老化的照明设备应及时更换，以避免因设备故障而对展品造成不必要的光照损害。

三、丝织品文物展示区的照明设计

丝织品文物展示区的照明设计需兼顾观众的观展需求与文物的保护要求。通过精心的照明布局与灯具选择，可以营造出既舒适又富有层次感的观赏环境，同时确保丝织品文物免受光照损害。

（一）一般照明与局部重点照明结合

在丝织品文物展示区，照明设计需兼顾整体与局部，以实现最佳的观赏效果。

一般照明旨在为整个展示区提供均匀、柔和的光照，以满足观众的基本观展需求。其设计需考虑展厅的空间布局、天花板高度以及墙面反射率等因素，以确保光照的均匀分布。同时，一般照明的亮度应控制在适宜范围内，避免过亮或过暗对观众视线造成干扰。

局部重点照明则聚焦于丝织品文物本身，旨在突出其细节特征，增强观赏效果。通过采用聚光灯、射灯等灯具，将光线直接投射到展品上，可以形成明亮的光斑，使观众更加清晰地观察到丝织品的纹理、色彩等细节。同时，局部重点照明还可以营造出层次感，引导观众的视线，提升整体的观赏体验。

（二）背景照明与展品照明协调

在丝织品文物展示区，背景照明与展品照明需相互协调，以营造出适宜的观赏氛围。

第一，利用背景照明营造创新氛围，避免与展品照明冲突。背景照明主要用于营造展示区的整体氛围，其设计需考虑与展品照明的协调性。通过选择合适的灯具和光照强度，可以营造出温馨、舒适或庄重的氛围，使观众更加愉悦地观赏丝织品文物。同时，背景照明应避免与展品照明产生冲突，如避免光线直接照射到展品上造成眩光或光幕反射等现象。

第二，根据展品特性调整照明角度和色彩，减少眩光干扰。为了减少眩光干扰，提升观赏效果，需根据丝织品文物的特性调整照明角度和色彩。例如，对于高反射性的丝织品，可以通过调整灯具的照射角度和光线分布，减少光幕反射现象；对于色彩丰富的丝织品，可以选择显色性较好的光源，以真实还原其色彩。

（三）特殊展品的特殊照明需求

在丝织品文物展示区，部分特殊展品具有独特的照明需求。

第一，针对高反射性展品，采用柔光罩减少光幕反射。高反射性丝织品在光照下容易产生光幕反射现象，影响观赏效果。为了解决这个问题，可以采用柔光罩等附件来减少反射。柔光罩能够扩散光线，降低光线的直射程度，从而减少光幕反射现象的发生。同时，柔光罩还能使光线更加均匀柔和地照射到展品上，提升整体的观赏体验。

第二，对色彩要求高的展品，选用高显色指数光源。色彩是丝织品文物的重要特征之一，对于色彩要求高的展品，照明设计需特别关注光源的显色性。高显色指数光源能够更真实地还原丝织品的色彩，使其更加鲜艳、饱满。因此，在选择灯具时，应优先考虑显色指数较高的光源，如 LED 灯等。同时，还可以通过调整光源的色温和亮度等参数，进一步优化照明效果。

综上所述，通过一般照明与局部重点照明的结合、背景照明与展品照明的协调以及特殊展品的特殊照明需求等策略的实施，可以营造出既舒适又富有层次感的观赏环境，同时确保丝织品文物免受光照损害。在未来的博物馆照明设计中，应继续探索更加科学、环保和智能化的照明解决方案，为丝织品文物的长期保存和最佳展示效果提供有力保障。

在实际应用过程中，博物馆的照明设计团队需要与文物保护专家、建筑师以及展示设计师等多方进行紧密合作。通过充分的沟通与协作，共同制定出既满足展示需求又符合文物保护标准的照明方案。同时，博物馆还应定期对照明设备进行维护与检测，确保其性能稳定、光照效果良好。此外，随着科技的不断进步和照明技术的持续发展，博物馆应积极引入新的照明技术和设备，不断提升丝织品文物展示区的照明质量和观赏效果。

在照明设计的过程中，还需充分考虑节能环保的因素。选择能效高、寿命长的照明设备和附件，不仅可以降低博物馆的运营成本，还有助于减少对环境的影响。同时，通过合理的照明布局和控制策略，可以在保证观赏效果的同时，进一步降低能耗。

总之，丝织品文物展示区的照明设计是一项复杂而细致的工作。它需要综合考虑多方面的因素和挑战，并不断探索和创新以适应不断变化的需求和条件。通过科学合理的照明设计和管理策略的实施，我们可以为丝织品文物提供一个既安全又富有吸引力的展示环境，让更多的人能够欣赏到这些珍贵的文化遗产。

第二节　博物馆采光方式

博物馆的采光方式对于文物的保护与展示具有至关重要的意义。特别是对于丝织品文物，其材质敏感且易受光照影响，因此，合理的采光设计不仅关乎观众的观展体验，更是确保丝织品文物长期保存的关键。

一、天然采光方式

天然采光以其自然、柔和的特点，在博物馆采光设计中占据重要地位。然而，对于丝织品文物而言，天然采光也带来了一定的挑战。以下是对几种常见天然采光方式的详细分析：

（一）高侧窗采光

高侧窗采光因其能提供充足的自然光而备受青睐，有助于营造明亮、舒适的观展氛围。然而，对于丝织品文物而言，这种采光方式也存在一些明显的缺点。由于光线从高处斜射入展厅，容易造成光线分布不均，导致展品表面出现明暗区域。此外，高侧窗采光还容易产生眩光，对观众的视线造成干扰，同时也可能对丝织品造成潜在的光损害。

为了改进高侧窗采光方式，可以结合遮阳设施来调节光线的入射角度。例如，安装可调节角度的遮阳板或百叶窗，以有效控制光线的投射方向和强度。这样不仅可以减少眩光的发生，还能使光线更加均匀地分布在展品表面，从而提升观展效果和文物的保护水平。

（二）侧窗采光

侧窗采光与高侧窗采光在优缺点上具有一定的相似性。然而，由于侧窗的位置较低，光线入射角度相对较小，因此产生的光线更为柔和。这种采光方式对于丝织品文物而言更为适宜，因为柔和的光线可以减少对展品的潜在光损害。然而，侧窗采光同样需要注意光线分布和眩光的问题。在实际应用中，可以通过合理设计窗户的尺寸和位置，以及采用适当的遮阳措施来解决这些问题。

（三）天窗采光

天窗采光特别适用于大面积展厅，能够提供均匀且充足的光线。这种采光方式有助于突出展品的整体效果，为观众创造更加开阔和明亮的观展环境。然而，对于丝织品文物而言，天窗采光也存在一定的风险。直射阳光可能通过天窗进入展厅，对展品造成严重的光损害。因此，在采用天窗采光时，必须配备有效的遮阳系统来防止直射阳光的侵害。例如，可以安装可调节的遮阳帘或天幕，以在需要时阻挡直射阳光。

（四）综合采光方式

综合采光方式是指将不同类型的采光方式相结合，以充分利用各自的优势并弥补不足。例如，高侧窗与侧窗并存、天窗与侧窗结合等。这种采光方式可以根据展厅的布局和展品的特性进行灵活选择和设计。对于丝织品文物而言，综合采光方式能够提供更加全面和均衡的光照条件。通过合理搭配不同类型的窗户和遮阳设施，可以创造出既满足观展需求又符合文物保护标准的光环境。

在实际应用中，博物馆的采光设计需要综合考虑多种因素，包括展厅的布局、展品的特性、观众的观展体验以及文物保护的要求等。针对丝织品文物这一特殊类别，采光设计应更加注重光线的柔和性、均匀性和可控性。通过精心设计和科学管理，可以创造出既美观又安全的采光环境，为丝织品文物的长期保存和最佳展示效果提供有力保障。

此外，随着科技的不断进步和照明技术的持续发展，博物馆在采光设计方面也有了更多的选择和可能性。例如，智能遮阳系统的应用可以根据外界光线强度和展品需求自动调节遮阳设施的角度和位置；先进的照明控制系统可以实现更加精准和灵活的光线调节。这些新技术的应用为博物馆的采光设计带来了更多的创新和可能性，也为丝织品文物的保护和展示提供了更加有力的支持。

二、人工照明方式

在博物馆的采光设计中，人工照明方式扮演着至关重要的角色。与自然采光相比，人工照明具有更高的可控性和灵活性，能够满足不同展品和展示空间的特定需求。对于丝织品文物而言，人工照明方式的选择与设计更是需要精细考虑，以确保其在得到充足照明的同时，不会受到光损害。以下是对几种常见人工照明方式的详细阐述：

（一）一般照明

一般照明是博物馆中最基本的照明方式，它旨在满足大面积的照明需求，为观众提供一个明亮、舒适的观展环境。在丝织品文物的展示区域，一般照明通常作为背景照明，为整个空间提供均匀的光照。这种照明方式的特点是光线分布广泛，照度适中，不会造成强烈的明暗对比，有助于观众清晰地观察展品。

然而，一般照明在突出展品细节方面可能略显不足。因此，在设计时，需要结合其他照明方式，如区域照明或定向区域照明，来增强展品的展示效果。

（二）区域照明

区域照明是针对特定区域进行的照明设计，旨在增强该区域内展品的展示效果。在丝织品文物的展示中，区域照明通常用于突出展品的某个部分或细节，使观众能够更加深入地了解展品的特色和内涵。这种照明方式可以通过调整光照角度、光照强度和光色来实现不同的展示效果。

为了实现更好的展示效果，区域照明通常采用可调光的灯具，以便根据展品的特性和展示需求进行调整。同时，为了避免对丝织品造成光损害，区域照明的光源同样需要选择低紫外线和低红外线的类型，并确保光照强度和照射时间控制在安全范围内。

（三）定向区域照明

定向区域照明是利用聚光灯等定向光源，精准照亮展品的一种照明方式。在丝织品文物的展示中，定向区域照明通常用于突出展品的重点部分，如纹理、图案或色彩等。这种照明方式能够产生强烈的明暗对比，使观众更加聚焦于展品的细节特征。

为了实现更好的定向照明效果，灯具的选择和布置至关重要。聚光灯等定向光源应具有较高的光效和显色性，以确保展品色彩的真实还原。同时，灯具的布置应考虑光照角度和光照范围，以避免对观众视线造成干扰或产生眩光现象。此外，定向区域照明同样需要控制光照强度和照射时间，以防止对丝织品造成光损害。

（四）展柜照明

展柜照明是针对展柜内展品设计的专用照明方案。在丝织品文物的展示中，展柜照明通常用于确保光照均匀且无损展品。由于展柜内的空间相对封闭，因此照明设计需要更加精细和谨慎。展柜照明通常采用低紫外线和低红外线的光源，并控制光照强度和照射时间，以确保展品的安全。

为了实现更好的展柜照明效果，灯具的选择和布置同样至关重要。灯具应具有较高的光效和显色性，以确保展品色彩的真实还原。同时，灯具的布置应考虑光照角度和光照范围，以确保光照均匀且不会产生眩光现象。此外，展柜照明还需要考虑灯具的散热问题，以避免对展品造成热损害。

（五）智能照明系统

智能照明系统是一种集成了调光、场景设置、故障检测等功能的照明管理系统。在丝织品文物的展示中，智能照明系统能够实现照明的自动化管理，提高照明效率和展品保护水平。通过智能照明系统，博物馆工作人员可以根据展品特性和展示需求灵活调整光照强度和光色，以创造不同的展示场景和氛围。

智能照明系统还具有故障检测功能，能够实时监测灯具的工作状态并及时发现故障。这有助于博物馆工作人员及时维护灯具，确保照明的稳定性和安全性。同时，智能照明系统还能够实现能源的有效利用，降低博物馆的运营成本。

三、天然采光与人工照明的结合

在博物馆的采光设计中，将天然采光与人工照明相结合是一种创新且高效的策略。这种结合不仅充分利用了天然光的节能性，还发挥了人工照明的可控性，从而为丝织品文物提供了一个既经济又安全的展示环境。以下是对天然采光与人工照明结合的优势分析及实施策略的详细阐述。

（一）优势分析

天然采光与人工照明结合在博物馆采光设计中具有显著的优势，主要体现在以下几个方面：

1. 节能性

天然采光是一种可再生能源，利用天然光可以显著减少博物馆的照明能耗。与人工照明相比，天然光无需消耗电力，因此在使用天然光时，博物馆可以节省大量的能源费用。同时，天然光还具有更好的显色性，能够使丝织品文物的色彩更加鲜艳、真实。

2. 可控性

虽然天然光具有诸多优势，但其强度和方向受天气和时间的影响较大，因此具有一定的不可控性。而人工照明则可以根据需要随时调整光照强度和光色，为丝织品文物提供稳定、均匀的照明环境。将天然采光与人工照明相结合，可以在充分利用天然光的同时，通过人工照明来弥补天然光的不足，从而实现更加精细化的光照控制。

3. 适应性

博物馆内的展品种类繁多，不同展品对光照的需求也各不相同。天然采光与人工照明的结合可以根据不同展品的光照需求进行灵活调整，为每一件展品提供最适合的光照条件。对于丝织品文物而言，这种结合方式可以确保其在得到充足照明的同时，不会受到光损害。

4.自动调节光照强度

通过集成天然采光与人工照明的智能控制系统，博物馆可以根据天气和时间的变化自动调节光照强度。在阳光明媚的白天，系统可以充分利用天然光，减少人工照明的使用；而在阴天或夜晚，系统则会自动增加人工照明的亮度，以确保展品得到持续、稳定的照明。这种自动调节功能不仅提高了照明的效率，还有助于延长丝织品文物的保存寿命。

（二）实施策略

要实现天然采光与人工照明的有效结合，博物馆需要采取一系列科学的实施策略。以下是一些关键的实施步骤：

1.设计合理的采光口位置与大小

采光口的位置和大小对于天然光的利用具有至关重要的影响。在设计采光口时，需要充分考虑博物馆的建筑结构、展品布局以及太阳的运动轨迹等因素。一般来说，采光口应设置在博物馆的南侧或东侧，以便在白天获取更多的阳光。同时，采光口的大小也需要根据博物馆的实际需求进行合理设置，以确保天然光能够充分照亮展品，同时又不会造成过强的光照或眩光现象。

2.选用可调节透光率的遮阳材料

为了控制天然光的强度和方向，博物馆需要选用可调节透光率的遮阳材料。这些材料可以根据天气和时间的变化自动调节透光率，从而确保博物馆内的光照条件始终保持在适宜的范围内。例如，在阳光强烈的午后，遮阳材料可以自动降低透光率，以减少阳光对展品的直射；而在阴天或傍晚时分，遮阳材料则可以增加透光率，以充分利用天然光。

3.集成天然采光与人工照明的智能控制系统

为了实现天然采光与人工照明的有机结合，博物馆需要集成一个智能控制系统。这个系统可以实时监测博物馆内的光照条件，并根据天气、时间以及展品的光照需求自动调节天然光和人工照明的亮度和光色。通过智能控制系统，博物馆可以确保每一件展品都得到最适合的光照条件，同时实现能源的最大化利用。

在具体实施过程中，智能控制系统需要配备高精度的光照传感器和控制器。光照传感器可以实时监测博物馆内的光照强度、光色以及分布均匀度等参数，并将这些数据实时传输给控制器。控制器则可以根据预设的算法和展品的光照需求自动调节天然光和人工照明的亮度和光色。例如，当光照传感器检测到博物馆内的光照强度过低时，控制器可以自动增加人工照明的亮度；而当光照强度过高时，控制器则可以降低天然光的透光率或关闭部分人工照明灯具。

此外，智能控制系统还可以根据博物馆的开放时间和参观人数等因素进行动态调整。在博物馆开放高峰期，系统可以增加人工照明的亮度以提高观众的观展体验；而在非开放时间或低峰期，系统则可以降低照明亮度以节约能源。

四、采光方式的选择与优化

在博物馆的采光设计中，采光方式的选择与优化是一个至关重要的环节。它不仅关系到展品的展示效果，还直接影响到文物的保护与保存。特别是对于丝织品文物，由于其材质的特殊性，对光照条件有着更为严格的要求。因此，在选择与优化博物馆的采光方式时，必须紧密结合丝织品文物保护管理的实际，综合考虑多种因素，以确保最佳展示效果与文物保护。

（一）因素考虑

在选择博物馆的采光方式时，需要综合考虑多种因素，以确保采光设计既满足展示需求，又符合文物保护的原则。以下是一些主要的考虑因素：

1. 展厅布局

不同的布局方式会导致光照分布的差异，进而影响到展品的展示效果。因此，在选择采光方式时，需要充分考虑展厅的形状、大小、高度以及展品的摆放位置等因素，以确保光照能够均匀、柔和地照射到每一件展品上。

2. 展品特性

不同类型的展品对光照条件有着不同的要求。对于丝织品文物而言，由于其材质对光照的敏感度较高，因此需要选择能够提供稳定、均匀且光照强度适中的采光方式，以避免光照过强对文物造成损害。

3. 观众需求

博物馆作为公共文化场所，其采光设计需要考虑到观众的观展体验。因此，在选择采光方式时，需要确保光照条件能够满足观众的视觉需求，提供舒适、愉悦的观展环境。

4. 节能要求

随着环保意识的不断提高，节能要求也成为博物馆采光方式选择时需要考虑的重要因素。在选择采光方式时，需要充分考虑其能耗情况，选择能够提供良好展示效果的同时，又具有较低能耗的采光方式，以实现博物馆的可持续发展。

（二）评估方法

为了选择最优的采光方式，需要对不同的采光方案进行评估。以下是一些主要的评估方法：

第一，模拟分析不同采光方案的光照效果与能耗情况。利用现代计算机技术，可以对不同的采光方案进行模拟分析，预测其光照效果和能耗情况。通过模拟分析，可以对不同采光方案进行比较，选择出既能够提供良好展示效果，又具有较低能耗的采光方案。

第二，结合专家意见和观众反馈进行综合评估。在选择采光方式时，还需要充分考虑专家意见和观众反馈。专家可以根据其专业知识和经验，对不同的采光方案进行评估和比较，提供有价值的建议。同时，观众作为博物馆的主要使用者，其反馈意见也是评估采光方式的重要依据。通过结合专家意见和观众反馈，可以对不同的采光方案进行综合评估，选择出最符合博物馆实际需求的采光方式。

（三）优化建议

在选择出合适的采光方式后，还需要对其进行优化和改进，以适应博物馆发展的新需求。以下是一些主要的优化建议：

第一，根据评估结果调整采光方式，确保最佳展示效果与文物保护。根据模拟分析和综合评估的结果，可以对选定的采光方式进行进一步的调整和优化。例如，可以调整光照强度、光照角度或光照时间等参数，以确保展品能够得到最佳的光照效果。同时，还需要考虑文物保护的需求，选择对文物无害的光照条件，避免光照对文物造成损害。

第二，持续改进采光设计，适应博物馆发展的新需求。博物馆作为公共文化场所，其需求和发展是不断变化的。例如，随着 LED 等新型光源的出现和应用，博物馆可以考虑采用更加节能、环保的光源来替代传统的光源。同时，还可以考虑采用智能控制系统来实现对光照条件的精确控制和管理，提高采光设计的智能化水平。

第三节　库房陈列室和研究室的采光照明

一、库房的采光照明

丝织品文物作为历史文化的珍贵遗产，其库房保存条件至关重要。为确保这些不可再生的文物得到妥善保护，应采取一系列科学有效的措施。首先，丝织品文物应存放在低温且避光的环境中，以减缓材料老化的速度。为此，建议专门建立避光库房，优先选择密闭式无窗设计或位于地下室的场所，这样可以最大限度地减少自然光对文物的光损害。库房的理想朝向为南，完全依赖人工照明，以确保光源的稳定性和可控性。在库房门外设置过渡房间或走廊，可以有效缓冲外界环境对库房内温湿度的影响。其次，为降低太阳辐射对库房内部环境的影响，屋顶应涂抹白色反射材料，以反射太阳光并降低室内温度。对于库房内的电线、光源和灯具，必须严格筛选，确保其质量与安全性。应设置独立的电源系统，并配备防雷击设施，以防电力波动或雷击对文物造成损害。同时，应安装事故照明装置，以备不时之需。在照明方式上，应采用间接、反射或散射光，避免直射文物，从而减少光损害的风险。最后，建议使用密封贮藏设备，以隔绝外界空气中的污染物，并选用低紫外线灯具，以进一步降低文物受损的可能性。这些综合措施的实施，将有效延长丝织品文物的保存寿命，为后人留下更多宝贵的历史文化遗产。

二、陈列室的采光照明

在丝织品陈列室的照明设计中，推荐使用完全的人工照明系统，以确保光照条件的稳定性和可控性。若采用天然采光，可借助天窗或高侧窗进行，但需注意，所有采光口应朝北布置，且设计得较小而狭窄，或配备遮阳设施，以严格防止日光直接照射到展品。同时，所有入光口应使用能滤除紫外线的特种玻璃进行封闭，并增设可调节的百叶窗或窗帘，以便于精准调控室内光照强度。

纺织博物馆的陈列空间在布局上应遵循三级结构原则，即依次为门厅、过渡展室（或走廊）和丝织品展室。门厅，作为博物馆的入口空间，其采光方式可灵活多样，包括透光的门、墙以及天窗和高、低侧窗等。当门厅面积较大或自然光照不足时，应通过人工照明进行补充。门厅内通常展示对光照不敏感的文物和介绍性展板等，其照度应控制在 100 ~ 300lux 之间，以帮助观众从高亮度的室外环境平稳过渡到室内视觉环境。

观众经由门厅进入过渡展室（或走廊），这一空间是连接门厅和丝织品展室的桥梁，其内陈列的文物应对光照具有中等敏感性。过渡展室应主要依赖人工照明，若采用自然光，则必须对光源进行严格控制，滤除紫外线，并保持照度在50～150lux范围内。

丝织品展室应设计为封闭式，仅与过渡展室或其他丝织品展室相连。该展室应完全采用人工照明系统，如低电压电灯光源或光导纤维照明。室内应避免设置常开式照明灯具，但可配备应急照明设备。当观众进入时，离观众最近的展柜内灯具将自动开启提供照明。若设置常规照明灯具，则应在观众进入时方才开启，且室内照度应严格控制在50～100lux之间。丝织品文物应被安放在密闭的展示柜中，照明灯具最好不直接置于展柜内；若确需在柜内设置灯具，应使用厚度不小于10毫米的中空磨砂玻璃将灯具与展品有效隔离。在展室内所有灯具同时开启的情况下，丝织品文物所受的最大光照度不得超过50lux。此外，为减少光照对纺织品的损害，应实行定期更换展品的制度，并给予纺织品必要的恢复时间。

三、研究室的采光照明

研究室是对织物进行清洗、整理、装饰、修复和研究的场所，有别于一般的办公室，对光照的要求也与通常的办公场所不同。博物馆研究室的采光照明可分为一般照明和局部照明。

（一）研究室的一般照明

一般照明是为工作人员在室内进行正常活动提供照明，可采用天然采光与人工照明相结合的混合采光方式。在天然采光方面，应优先考虑北向顶窗、高侧窗及低侧窗的设计，同时配备可控窗帘以灵活调节光线。当处理对光照要求不高的展品，或室内无光照敏感物品时，混合采光模式为最佳选择，此时室内照度应维持在100～300lux的范围内。然而，在处理光照敏感性较高的丝织展品时，应遮蔽自然光，完全采用人工照明，并将照度控制在50～150lux之间。

（二）研究室的局部照明

局部照明系统专为研究工作而设，旨在为特定工作区域提供集中且精准的照明。此系统应完全基于人工照明构建，并确保光源中不含红外线和紫外线成分，同时消除光源产生的热效应。局部照明装置应安装于工作台上方，具备灵活移动和照度可调的功能，以适应不同工作区域的照明需求。在丝织文物的研究与处理过程中，应严格控制文物表面的光照强度，确保其处于可进行研究的最低照度水平，并尽可能缩短光照时间，以降低光损害风险。

第四节　丝质文物展示与储存中光害的消除

一、隔离日光与降低光照量

在丝织品存储与展示的各个区域，包括库房、展厅以及研究室，均需实施严格的日光隔离措施，以防止日光直接照射。特别是对于需要长期保存的丝织品文物库房和展厅，必须采纳防日光策略，构建封闭式无窗环境。在库房内部，丝织品文物应被妥善安置在封闭且隔光的匣、盒、柜、箱等专用容器中。对于光照敏感度极高的丝织文物，在展览时应置于展柜内，并配备可调节的人工光源。在确保充足照明的基础上，应优先选择功率较小的光源，以确保丝织品表面的最大照度值不超过 50lux。同时，需对丝织品在研究室等工作区域的暴露时间进行严格控制，以防止文物长时间受光线照射。

光照量，即照度与照射时间的乘积，是衡量光照对物体影响的重要参数，其单位为勒克斯·小时（lux·h）。由于光照对文物的损害具有累积性，因此，在将丝织品文物的光照度控制在 50lux 以下的同时，还需对光照量进行严格管理。对于丝织品文物的展览，应建立一套轮换制度。当某件文物展览一段时间后，应进行除尘等必要处理并存放至库房，避光保存一段时间后方可再次展出。例如，美国大都会艺术博物馆对纺织品展品的更换周期为每三个月一次。其他一些国外博物馆则通常采取每半年轮换一次的制度，其光照量控制在约 72000 lux·h。

因此，为保护丝织品文物，其连续光照量通常应限制在 72000 lux·h 以内，且绝对不得超过 150000 lux·h。通过实施定期的轮换制度，不仅能让展品得到必要的休息与修复，更有助于文物的长期保护。

二、展出前后的清理

丝织品表面的状况，包括其平整度以及附着的灰尘颗粒、污渍、丝絮、染料颗粒等污染物，均对光照损害的程度产生显著影响。鉴于此，丝织品文物在展览前必须经过细致的清洁与整理流程，彻底清除各类污渍，并尽量确保丝织物表面平整无尘、丝絮紧密贴合。这些预处理措施能够有效降低光照对文物的潜在损害。在展览过程中，保持丝织物表面的平整性可使光线入射角度趋于一致，避免产生过大的入射角，从而实现光照的均匀分布并降低光照强度，进而减少光损害的风险。此外，丝织物表面的污染物如灰尘、污渍等，会吸收光照能量，进而加速光损害的累积。因此，清除这些污染物不仅能提升文物的展示效果，还能增加光线在丝织品表面的反射率，减少光能的吸收，从而进一步减轻光照损害。

在丝织品文物展览结束后归入库房之前，需对其进行再次处理，重点在于彻底清除灰尘并进行杀菌消毒，以确保文物的长期保存与安全。这些措施对于维护丝织品文物的完整性和历史价值至关重要。

三、消除红外线的方法

展厅与库房建筑在设计时应注重避光性能，构建密闭式空间，以增强对光线的控制。同时，建议在屋顶涂覆具有高反射系数的白色材料，此举可有效降低太阳辐射能的吸收。在自然采光方案中，应优先考虑北向开设顶窗及侧窗，并配备散热玻璃或折光百叶窗以进一步防止阳光直射。特别是顶窗部分，应增设折光装置，确保展厅和库房内部免受阳光的直接照射。此外，室内需安装通风与换气设备，以避免因光源散热不良而导致的高温问题，减少热辐射对文物保存的不利影响。

在人工照明方面，应选用不含紫外线的冷光源，如日光灯、卤素灯及低压钠灯等，以确保照明的同时不对文物造成光损害。同时，也可采用特制的滤紫外线玻璃对光源进行隔离处理，进一步保障文物的安全。若使用日光灯作为照明设备，需特别注意将其镇流器、电容器及启辉器等部件安装在展柜外部，以防红外线对文物造成潜在损害。

当使用白炽灯进行照明时，应加装散热罩以形成漫反射效果，避免热量以聚焦方式直接传导至文物。在光线到达文物表面之前，应设置隔热玻璃进行热量阻隔。同时，展柜顶部应预留散热装置以增强散热效果。此外，还可考虑采用能够截滤红外线的特种玻璃或在隔光玻璃上涂布红外吸收剂，从而更有效地保护文物免受红外线的损害。

四、消除紫外线损害的方法

各种光源所含紫外线的比例受其光谱能量分布的影响，博物馆照明所用光源的紫外线最大输出应控制在 75 μ W/lm 以下。若光源的紫外线输出高于此标准，则必须采取相应措施以滤除紫外线辐射。

鉴于日光中包含较高比例的紫外线，那些利用自然光进行展品照明的博物馆，必须在窗户或顶棚安装滤色片，以有效滤除日光中的紫外线成分。为防范紫外线的破坏作用，科研人员已开发出多种有机和无机材料来滤除紫外线，同时，市场上也有专门的无紫外线日光灯可供选择。特别是含有氧化铈和氧化钴的玻璃，展现出优良的紫外线阻隔性能。

紫外线吸收剂是一种能够高效吸收紫外线，并将其转化为无害热能的物质，其功能类似于紫外线滤光片，即在滤除大部分紫外线的同时，允许可见光完全通过。使用紫外线吸收剂的方法包括：将其溶解于特定浓度的清漆溶液中，然后喷涂或刷涂在普通玻璃上；亦可将其加入聚甲基丙烯酸甲酯中，制成具有紫外线吸收能力的有机玻璃；此外，还可以将其混入醋酸纤维中，生产出可吸收紫外线的软片。

在窗户玻璃上涂抹紫外线吸收剂，可以有效地过滤掉大部分紫外线，同时保持对可见光的高透过性，从而不影响展厅的采光效果。中国科学院化学研究所开发的 KH–1 型滤紫外线涂料和 KH–2 滤紫外线聚酯薄膜表现尤为出色，能够滤除 99% 的波长小于 400nm 的紫外线，同时保持 98% 以上的可见光透过率，是当前非常理想的防紫外线材料。这种涂料可轻松涂抹在门、窗以及展示橱窗和展柜的玻璃上，每公斤涂料可覆盖 7 至 10 平方米的面积。经测试，它能够将室内紫外线强度从 400 ～ 500 μ W/lm 显著降低至约 50 μ W/lm。

在博物馆照明方面，推荐首选钨丝灯，因为其产生的紫外线量对博物馆环境而言是可接受的，通常无需额外安装滤色片。然而，对于紫外线成分较高的灯具（例如荧光灯），则必须使用滤色片来滤除紫外线。此外，采用光纤照明并利用远距离光源，是有效避免紫外线损害的一种方法。

五、避免眩光

眩光，按其产生机制，可划分为直接眩光和反射眩光（亦称间接眩光）。当视野中的光源或反射体的亮度达到一定程度时，可能引发视觉上的不适和刺眼感，此现象被定义为"眩光"。这种光线不仅对博物馆的参观体验构成影响，更可能对纺织品保护产生不利影响，因此，必须采取有效的预防措施。

为防止直接眩光的出现，有两种主要策略：一是精确调整展品或展示设施与采光口之间的相对位置，二是调整镜面或其他反射表面的垂直角度。例如，在自然采光环境下，应对采光口设置适当的遮蔽设备，以减少窗户引发的眩光现象。

间接眩光，常由玻璃隔断造成的两个空间之间的照度差异所引发，俗称"照镜子"效应。具体而言，当陈列柜内的照度低于观众所在空间的照度时，观众可能难以清晰观察柜内展品，并且展品的影像可能与玻璃上映出的观众虚像重叠。为消除这种间接眩光，关键在于提高陈列柜内的照度，并尽量降低观众所在空间的照度。两者之间的照度差异越大，视觉效果则越佳。

第五章 博物馆文物陈列

博物馆作为文化的殿堂，如何科学合理地陈列文物，既展现其历史底蕴，又提升观众体验？本章将详细阐述博物馆文物陈列的原则与方法，通过精心设计的陈列方案，让每一件文物都焕发出应有的光彩，引领观众深入感受历史的魅力。

第一节 博物馆文物陈列原则

博物馆作为文化遗产的守护者与传播者，其文物陈列不仅关乎历史记忆的呈现，还涉及文物保护与教育功能的实现。丝织品作为一类特殊的文物，因其材质的脆弱性与保养的复杂性，在陈列时更需遵循一系列科学而严谨的原则，以确保其安全展示与长久保存。

一、遵循博物馆文物陈列的特殊规律

博物馆文物陈列的特殊规律，是指在文物展示过程中需遵循的一系列基本原则和方法，这些原则和方法旨在最大化地发挥文物的历史价值、艺术价值和科学价值，同时提升观众的参观体验和学习效果。

（一）实现陈列展览的丰富性

丰富性是指博物馆文物陈列应包含多样化的藏品，以全面反映历史、文化、艺术等多方面的信息。这一目标的实现，要求博物馆在藏品选择、展览设计等方面做出精心安排。

1.藏品选择的多样性

博物馆应广泛收集不同地域、不同历史时期、不同文化背景下的文物，以展现人类文明的多样性和发展脉络。例如，在策划一场关于古代文明的展览时，除了展示该文明的代表性艺术品和工具，还应包括其日常生活用品、宗教信仰相关的文物等，以全面反映该文明的社会结构和精神追求。

2. 展览设计的多层次性

展览设计应注重层次感和节奏感，通过不同的展示单元和主题，引导观众逐步深入了解展览内容。例如，可以采用时间顺序、主题分类或地域分布等多种方式来组织展品，形成清晰而有条理的展览结构。同时，利用现代科技手段，如多媒体互动、虚拟现实等，可以增加展览的趣味性和参与性，进一步提升丰富性。

3. 辅助材料的充实性

除了文物本身，博物馆还应提供丰富的辅助材料，如文字说明、图片、视频等，以帮助观众更好地理解展品的历史背景、文化内涵和艺术价值。这些辅助材料应准确、简洁、易懂，并注重与展品的有机结合，形成完整的展览体系。

（二）实现陈列展览的时效性

时效性是指博物馆文物陈列应能够有效地传达信息，激发观众的兴趣和思考，实现文化传承和教育的目的。为了达到这一目标，博物馆需要在展览策划、观众研究等方面做出努力。

1. 展览策划的针对性

博物馆应根据观众的需求和兴趣来策划展览，确保展览内容具有吸引力和教育意义。例如，针对青少年观众，可以设计更多互动性和趣味性的展览环节，如科学实验、手工制作等；针对成年观众，则可以更注重展览的深度和广度，提供更多专业性的解读和思考空间。

2. 观众研究的深入性

博物馆应持续进行观众研究，了解他们的参观习惯、兴趣爱好和学习需求，以便不断优化展览内容和形式。例如，可以通过问卷调查、观众访谈、参观数据分析等方式收集观众反馈，及时调整展览布局、增加互动环节或提供更丰富的辅助材料。

3. 教育活动的配套性

博物馆应围绕展览主题开展多样化的教育活动，如讲座、研讨会、工作坊等，以深化观众对展览内容的理解和认识。这些教育活动应与展览内容紧密相关，注重实践性和参与性，鼓励观众在轻松愉快的氛围中学习和探索。

二、坚持博物馆文物陈列正确的导向

博物馆文物陈列的正确导向，是确保博物馆在履行其社会职责和使命时，能够坚持正确的价值观念和学术方向，为公众提供高质量的文化服务和教育体验。这一导向的实现，要求博物馆在陈列展览中注重思想性、学术性和知识性的融合与体现。

（一）实现陈列展览的思想性

思想性是博物馆文物陈列的灵魂，它要求陈列展览能够传达深刻的思想内涵和价值观念，引导观众进行思考和学习。为了实现这一目标，博物馆在陈列展览中应注重以下几个方面：

1. 主题策划的深度与广度

博物馆在策划陈列展览时，应选择具有深刻历史意义和文化内涵的主题，通过深入挖掘和解读文物背后的历史故事和文化价值，展现人类文明的发展脉络和多元文化的交融。[9] 例如，在策划一场关于古代丝绸之路的展览时，博物馆不仅可以展示丝绸之路沿线的文物，还可以通过图文、视频等多媒体手段，讲述丝绸之路的历史背景、贸易往来、文化交流等故事，引导观众思考人类文明的发展与进步。

2. 文物组合的逻辑与叙事

在陈列展览中，文物的组合和排列方式对于传达思想性至关重要。博物馆应根据文物的历史背景、文化内涵和相互关系，进行组合和排列，形成具有逻辑性和叙事性的展览体系。例如，在展示一组古代陶瓷时，可以按照时间顺序或工艺特点进行组合，通过陶瓷的变化和发展，展现古代陶瓷工艺的精湛和文化的传承。

（二）实现陈列展览的学术性

学术性是博物馆文物陈列的基石，它要求陈列展览能够体现严谨的学术态度和专业的学术水平，为观众提供准确、权威的知识信息。为了实现这一目标，博物馆在陈列展览中应注重以下几个方面：

1. 藏品研究的深入与细致

博物馆应对藏品进行深入的学术研究，包括其历史背景、制作工艺、文化内涵等方面的探讨。这些研究成果可以为陈列展览提供丰富的学术支撑，确保展览内容的准确性和权威性。例如，在展示一件古代青铜器时，博物馆可以对其制作工艺、纹饰特点、历史背景等进行深入研究，并通过展览向观众传达这些学术成果。

⑨ 杨溯. 试论博物馆文物陈列 [J]. 徐州师范大学学报 (哲学社会科学版)，2008（02）：78-81.

2. 展览设计的专业与规范

展览设计应注重专业性和规范性，确保展览布局合理、展品搭配得当、辅助材料准确无误。设计师应具备扎实的艺术设计功底和丰富的博物馆展览经验，能够准确传达展品的历史价值和文化内涵。同时，展览设计还应注重细节处理，如灯光、色彩、材质等，以营造出舒适而富有学术氛围的观展环境。

3. 学术交流的广泛与深入

博物馆应积极与其他学术机构和研究人员进行广泛的学术交流与合作，不断吸收新的学术成果和研究方法，提升博物馆的学术水平和影响力。例如，博物馆可以定期举办学术研讨会、讲座等活动，邀请专家学者进行学术交流与分享；同时，也可以与其他博物馆或研究机构进行合作展览或研究项目，共同推动学术研究的进步与发展。

（三）实现陈列展览的知识性

知识性是博物馆文物陈列的重要目标之一，它要求陈列展览能够向观众传递丰富、准确的知识信息，满足观众的学习需求和文化追求。为了实现这一目标，博物馆在陈列展览中应注重以下几个方面：

1. 知识体系的完整与系统

博物馆在策划陈列展览时，应注重知识体系的完整性和系统性。通过对藏品进行深入的研究和分类，形成具有逻辑性和条理性的知识体系，并通过展览向观众进行系统的展示和解读。例如，在策划一场关于古代历史的展览时，博物馆可以按照历史发展的时间顺序或主题分类进行策划和设计，确保展览内容的完整性和系统性。

2. 知识传递

在陈列展览中，博物馆应注重知识传递的准确性和生动性。通过准确的文字说明、生动的图片和视频等辅助材料，向观众传递准确、生动的知识信息。同时，博物馆还可以利用现代科技手段，如虚拟现实、互动体验等，增加展览的趣味性和参与性，提升观众的学习效果和体验感受。

3. 知识服务的多样与便捷

博物馆应注重为观众提供多样、便捷的知识服务。例如，可以设置信息查询区、提供导览服务、举办专题讲座或教育活动等，以满足观众的不同学习需求和兴趣爱好。同时，博物馆还可以利用互联网和移动媒体等新技术手段，为观众提供在线查询、虚拟展览、互动交流等便捷的知识服务方式。

第二节　博物馆文物陈列方法

博物馆作为文化遗产的守护与展示机构，其文物陈列方法不仅关乎文物的保护与传承，更直接影响到观众的认知体验与学习效果。因此，对博物馆文物陈列方法的深入研究，对于提升博物馆的社会教育功能与文化传播能力具有重要意义。

一、博物馆文物的传统陈列方法

传统陈列方法是博物馆在长期实践中形成的一系列经典展示手段，它们以文物为核心，通过不同的展示策略，旨在向观众传递历史信息与文化知识。以下将对分类陈列法、复原陈列法以及原状陈列法进行逐一分析。

（一）分类陈列法

分类陈列法，顾名思义，是按照文物的自然属性或历史时期进行分类展示的方法。这种方法的核心在于将具有相似特征的文物归为一类，以便观众能够清晰地认识到文物之间的共性与差异。

分类陈列法是一种将文物按照其内在属性或外部特征进行有序排列的展示方式。其目的在于通过分类，使观众能够更加系统地了解文物的种类、特征及其在历史或自然中的位置。这种方法有助于观众建立对文物的整体认识，并促进对文物背后文化内涵的深入理解。

在自然历史博物馆中，化石与标本常常按照生物种类进行分类展示。例如，恐龙化石、海洋生物化石、鸟类化石等会被分别陈列在不同的展区，以便观众能够清晰地了解到不同生物群的特征与演化历程。在历史博物馆中，文物则往往按照朝代进行分类，如汉代文物、唐代文物、宋代文物等，这样的分类有助于观众把握历史发展的脉络与各个时期的特色。

分类陈列法的优点在于其条理清晰，便于观众理解。通过分类，观众能够更容易地把握文物的整体特征与历史背景，从而形成对文化遗产的深刻认识。然而，这种方法也存在一定的缺点。过于机械的分类可能导致展览缺乏故事性与情感共鸣，使观众难以感受到文物背后的生动历史与人文情怀。因此，在运用分类陈列法时，博物馆需要权衡其优缺点，并寻求与其他陈列方法的有机结合，以提升展览的整体效果。

（二）复原陈列法

复原陈列法是一种通过科学复原手段再现历史场景或文物原貌的展示方法。这种方法的核心在于利用现代科技与考古研究，尽可能地还原历史的真实面貌，使观众能够身临其境地感受到历史的魅力。

复原陈列法旨在通过科学的手段与方法，将历史场景或文物恢复到其原始状态或接近原始状态的展示方式。其目的在于为观众提供一个更加真实、生动的历史体验环境，使他们能够更好地理解历史、感受历史并沉浸于历史之中。

复原陈列法在博物馆中得到了广泛的应用。例如，古代宫殿、战场、作坊等场景常常被精心复原，以便观众能够身临其境地感受到古代生活的氛围与细节。在中国的一些历史博物馆中，观众可以看到复原的古代宫殿、市井街道、战争场景等，这些复原的展览使观众仿佛穿越时空，亲身体验到历史的厚重与丰富。

复原陈列法的关键在于复原的真实性与艺术性平衡。博物馆需要在考古研究的基础上，尽可能地还原历史场景或文物的原始风貌，同时也要注意展览的艺术性与观赏性。此外，复原陈列法还需要注重历史背景的研究与挖掘，以便为观众提供更加准确、深入的历史信息与文化解读。

（三）原状陈列法

原状陈列法是一种保持文物或遗址的原始状态进行展示的方法。这种方法的核心在于尊重文物的历史沧桑感与原始风貌，使观众能够直观地感受到文物的历史价值与文化内涵。

原状陈列法是指将文物或遗址保持在其原始状态或接近原始状态进行展示的方式。其目的在于通过展示文物的原始风貌与历史痕迹，使观众能够直观地认识到文物的历史价值、文化内涵与保护意义。

原状陈列法在古建筑、古墓葬等遗址的展示中得到了广泛的应用。例如，中国的故宫、颐和园等古建筑群，以及各地的古墓葬遗址，都采用了原状陈列法进行展示。这些遗址保持了其历史的风貌与痕迹，使观众能够直观地感受到古代建筑与墓葬的独特魅力与文化内涵。

在原状陈列法的应用中，文物的保护与管理是一个重要的问题。博物馆需要在展示文物的同时，确保其得到妥善保护，防止因展示而导致的损害与破坏。这要求博物馆采取有效的保护措施，如控制展示环境的温湿度、光照强度等，以确保文物的长期保存与展示效果。同时，博物馆还需要加强文物的管理与维护工作，定期对文物进行检查与修复，以确保其处于良好的展示状态。

二、博物馆文物的现代陈列方法

在现代博物馆的实践中，陈列方法不断创新，以适应观众日益增长的多样化需求和技术发展的可能性。以下是对几种现代陈列方法的深入探讨。

（一）数字化陈列法

数字化陈列法是利用数字技术，如虚拟现实（VR）、增强现实（AR）等，来展示文物的一种新方法。随着数字技术的快速发展，这种方法在博物馆中的应用日益广泛。

数字化陈列法是通过数字扫描、三维建模等技术手段，将文物转化为数字信息，并利用虚拟现实、增强现实等先进技术进行展示。这种方法的发展得益于计算机图形学、人机交互等技术的不断进步，使得数字化展示成为可能。

1. 技术应用

数字扫描技术能够高精度地捕捉文物的形状、纹理等细节，为三维建模提供基础数据。三维建模技术则能够根据这些数据构建出文物的数字模型，使其能够在虚拟环境中被观看和操作。[⑩]全息投影技术则进一步增强了文物的展示效果，使其仿佛真实存在于观众眼前。例如，故宫博物院的全息沙盘投影文物展陈，通过全息投影技术，观众可以清晰地看到文物的三维图像，仿佛文物就在眼前，极大地增强了观众的沉浸感。

2. 挑战与前景

数字化陈列法面临着版权、技术更新等挑战。一方面，数字化文物的版权问题需要得到妥善解决；另一方面，随着技术的不断更新换代，数字化陈列也需要不断升级以适应新的技术环境。然而，尽管面临这些挑战，数字化陈列法的前景仍然广阔。随着技术的不断发展和观众需求的日益增长，数字化陈列有望成为博物馆展示的重要手段之一。

（二）生态陈列法

生态陈列法是一种将动植物标本置于模拟的自然环境中进行展示的方法，旨

---

⑩ 陈年华. 探寻博物馆陈列设计新方法 [J]. 文物鉴定与鉴赏，2021（16）：158-160.

在强调生物之间的生态关系。

生态陈列法通过将动植物标本与其原生环境相结合,模拟出真实的生态景观,使观众能够更好地理解生物之间的相互作用和依赖关系。这种方法的目的在于提升观众对生物多样性的认识和生态保护的意识。

热带雨林、草原、沼泽等生态景观的模拟展示是生态陈列法的典型应用。在这些展示中,观众可以看到不同生物如何在特定的环境中生存和繁衍,从而深入理解生态系统的复杂性和脆弱性。

生态陈列法在生物多样性教育和生态保护意识提升方面发挥着重要作用。通过直观的展示和生动的解说,观众可以更加深入地了解生物多样性的重要性和保护生态环境的紧迫性。这种方法有助于培养观众的环保意识和责任感,推动他们积极参与生态保护行动。

（三）场景设计法

场景设计法是通过构建特定的场景来再现历史事件或人物生平的一种方法,旨在增强展览的故事性和观众的沉浸感。

场景设计法通过精心设计的背景、模型和空间布局,将观众带入一个特定的历史或文化环境中。这种方法的特点在于其高度的还原性和故事性,能够使观众仿佛亲身经历了所展示的历史事件或人物生平。

场景设计的要素包括背景画的绘制、主体模型的制作以及前景空间的设计等。背景画需要准确反映历史环境的氛围和细节;主体模型则需要根据历史资料进行精确制作,以还原人物或物体的真实形象;前景空间的设计则要注重观众的视角和体验,营造出逼真的历史场景。

场景设计的创意来源多样,可以基于历史资料、学术研究或艺术创作等。然而,在实施过程中,场景设计也面临着技术和资金的限制。一方面,高精度的场景制作需要先进的技术和设备支持;另一方面,大规模的场景设计也需要充足的资金支持。因此,在进行场景设计时,需要充分考虑这些限制因素,并寻求合理的解决方案。

（四）互动体验法

互动体验法是一种通过互动装置让观众参与展览的方法,旨在提升观众的参与感和学习效果。

互动体验法利用触摸屏、虚拟现实等互动技术，使观众能够积极参与展览活动，与文物或展示内容进行互动。这种方法的目的在于通过观众的主动参与，提升他们对展览内容的理解和记忆，从而增强学习效果。

1. 互动形式

互动体验法的形式多样，包括触摸屏查询、虚拟现实体验、动手操作演示等。触摸屏查询可以让观众通过触摸屏幕来获取相关信息；虚拟现实体验则可以让观众身临其境地感受历史场景或文物；动手操作演示则可以让观众亲自操作文物复制品或实验设备，体验历史或科学的过程。

2. 教育效果评估

评估互动体验法的教育效果和观众满意度是该方法应用的重要环节。可以通过观众反馈、问卷调查、学习成效测试等方式来收集数据和信息，对互动体验法的教育效果进行客观评估。同时，也可以根据观众的满意度调查来优化互动体验的设计和实施，提升观众的参与感和满意度。

三、博物馆特殊文物陈列技巧

博物馆收藏的文物种类繁多，其中不乏脆弱易损、体型庞大或需要多媒体辅助展示的特殊文物。针对这些文物的陈列，需要采用一系列特殊的技巧和方法，以确保文物的安全、完整和最佳展示效果。

（一）脆弱文物保护性陈列

脆弱文物，如珍贵书画、古籍善本等，因其材质的特殊性，对陈列环境有着极高的要求。保护性陈列成为确保这类文物安全展示的关键。

1. 重要性阐述

脆弱文物的保护不仅关乎其物质形态的保存，更涉及历史文化信息的传承。制定特殊的陈列方案，确保这类文物在安全的环境中展示，是博物馆陈列工作的重要一环。通过科学合理的陈列设计，可以有效延长文物的保存寿命，同时让观众更好地理解和欣赏这些珍贵的文化遗产。

2. 技术措施

针对脆弱文物的保护性陈列，博物馆采取了一系列技术措施。低光照环境是减少光线对文物损害的重要手段，通过控制展厅内的光照强度和紫外线辐射，可以有效减缓文物材质的老化速度。恒温恒湿控制则是为了保持文物所处环境的稳定性，避免温湿度变化对文物造成损害。此外，防震设计也是必不可少的，通过加固陈列柜和采用防震材料，可以最大限度地减少外界震动对文物的影响。

例如，在珍贵书画的陈列中，博物馆通常采用封闭式陈列柜，以隔绝空气中的污染物和微生物。同时，柜内配备有恒温恒湿设备，确保书画处于适宜的环境中。对于古籍善本，除了采用类似的保护措施外，还会在陈列柜内设置柔和的光源，以减少光线对书籍页面的直接照射。这些特殊保护措施的应用，为脆弱文物的安全展示提供了有力保障。

（二）大型文物空间布局

大型文物，如大型雕塑、古建筑等，因其体积庞大、结构复杂，对陈列空间的要求较高。合理的空间布局不仅关乎文物的展示效果，还涉及观众的安全和观赏体验。

1. 空间规划

在大型文物的陈列中，空间规划显得尤为重要。博物馆需要充分考虑文物的尺寸和形状，以及观众流线和观赏角度，来确定文物的最佳陈列位置。同时，还要确保文物与周围环境的协调性和整体美感。通过科学合理的空间规划，可以营造出最佳的展示效果，提升观众的观赏体验。

2. 支撑结构设计

为了确保大型文物的稳定性和安全性，博物馆需要设计专门的支撑结构。这些结构不仅要能够承受文物的重量，还要考虑到地震等自然灾害的影响。在支撑结构的设计中，博物馆通常会采用专业的工程技术和材料科学原理，以确保结构的稳固性和耐久性。例如，对于大型雕塑，博物馆可能会采用隐藏式的钢结构来支撑其重量，并通过精确的力学计算来确保结构的稳定性。

3. 视觉引导

在大型文物的陈列中，视觉引导也是不可或缺的一环。博物馆可以通过光线、色彩等手段来引导观众的视线，突出文物的重点和特色。例如，可以利用柔和的侧光来突出雕塑的轮廓和细节，或者通过色彩的对比来增强文物的视觉冲击力。这些视觉引导手段的应用，可以使观众更加专注于文物本身，提升其观赏效果和认知体验。

（三）多媒体辅助陈列

随着科技的发展，多媒体手段在博物馆陈列中的应用日益广泛。音频、视频、动画等多媒体元素不仅可以丰富展览内容，还可以增强观众的参与感和互动性。

1. 多媒体应用

多媒体手段在文物陈列中发挥着越来越重要的作用。通过音频解说、视频展示和动画演示等方式，博物馆可以向观众传递更加丰富和生动的历史文化信息。这些多媒体元素不仅可以补充文字说明的不足，还可以通过视觉和听觉的双重刺激，提升观众的认知体验和记忆效果。例如，在展示古代建筑时，可以通过视频动画来演示其建造过程和结构特点，使观众更加直观地了解其历史和文化价值。

2. 内容策划

在多媒体辅助陈列中，内容策划是关键。博物馆需要确保多媒体内容与文物紧密相关，能够准确传达文物的历史背景、文化内涵和艺术价值。同时，还要注重内容的趣味性和互动性，以吸引观众的注意力并激发其探索兴趣。例如，在展示古代文物时，可以通过音频解说讲述其背后的历史故事和传说，或者通过互动游戏来引导观众探索文物的奥秘。

3. 技术整合

多媒体与实体文物的有效整合是提升展览整体效果的关键。博物馆需要充分考虑多媒体元素与文物之间的空间关系和时间顺序，以确保其在展览中的和谐统一。同时，还要注重技术的稳定性和可靠性，确保多媒体设备在展览期间能够正常运行。例如，在展示珍贵书画时，可以通过触摸屏来展示书画的高清图片和详细信息，使观众能够更加深入地了解其艺术特点和历史价值。同时，还要确保触摸屏的稳定性和响应速度，以提升观众的互动体验。

参考文献

一、著作类

[1] 《文物学概论》编写组.文物学概论:彩图版 [M].北京:高等教育出版社,2019.

[2] 单霁翔.博物馆的陈列展览 [M].天津:天津大学出版社,2017.

[3] 段勇.当代中国博物馆 [M].南京:江苏凤凰文艺出版社,2022.

[4] 高豫宛,于杰,杨婷.博物馆发展与文物保护工作研究 [M].北京:中国书籍出版社,2024.

[5] 国家文物局博物馆与社会文物司.博物馆纺织品文物保护技术手册[M].北京:文物出版社,2009.

[6] 黄洋,陈红京.博物馆陈列展览设计十讲 [M].上海:上海交通大学出版社,2019.

[7] 孔健,徐艳.博物馆文物陈列与文物保护研究 [M].长春:吉林人民出版社,2021.

[8] 任彬,刘芬,枣林.博物馆陈列展览与文物保护研究 [M].长春:吉林文史出版社,2023.

[9] 王成兴,尹慧道.文物保护技术 [M].合肥:安徽大学出版社,2005.

[10] 吴诗池.文物学概论 [M].上海:上海文艺出版社,2002.

二、期刊类

[1] 毕丹紫玉.文物保护和利用相关问题的研究 [J].文物鉴定与鉴赏,2023(19):158-161.

[2] 曹帅.文物保护与利用的优化策略研究 [J].文物鉴定与鉴赏,2024(02):92-95.

[3] 陈年华.探寻博物馆陈列设计新方法 [J].文物鉴定与鉴赏，2021（16）：158-160.

[4] 陈潇.浅谈纸质文物的保护措施 [J].中国民族博览，2022（04）：187-189.

[5] 陈杨，路智勇.纺织品文物保护中压裱技术应用初探 [J].中国文物科学研究，2014（02）：64-67.

[6] 陈杨.刺绣针法应用于纺织品文物的保护修复 [J].紫禁城，2014（S1）：51-54.

[7] 程姗.博物馆文物管理中的文物保护措施分析 [J].中国民族博览，2024（03）：250-252.

[8] 崔晓楠.博物馆文物陈列与文物保护意识问题 [J].中国民族博览，2024（03）：247-249.

[9] 丁海燕.浅谈如何做好文物的保护与利用工作 [J].收藏，2024（03）：87-89.

[10] 杜丹丹.博物馆文物陈列展览设计的思路探讨 [J].黑河学刊，2023（04）：96-100.

[11] 方北松，吴顺清.饱水竹木漆器保护修复的历史、现状与展望 [J].文物保护与考古科学，2008，20（S1）：122-130.

[12] 冯元龙.博物馆文物管理中的文物保护措施探讨 [J].中国民族博览，2023（23）：247-249.

[13] 侯卫广.试析如何创新文物博物馆陈列的设计方法 [J].中国民族博览，2021（15）：202-204.

[14] 黄建利.古代纺织品文物修复技术及实践研究 [J].化纤与纺织技术，2021，50（01）：25-26.

[15] 黄克忠.石质文物保护若干问题的思考 [J].中国文化遗产，2018（04）：4-12.

[16] 贾亚丽.博物馆纸质文物现代化修复与保护技术研究 [J].造纸科学与技术，2023，42（06）：51-54.

[17] 焦燕，付宇飞.探索文物管理与保护之奥秘 [J].炎黄地理，2023（09）：83-85.

[18] 刘爱民.浅析复原性修复方法在陶瓷文物修复中的应用 [J].文物鉴定与鉴赏，2023（01）：46-49.

[19] 刘函.我国纺织品文物科技考古与保护修复的现状与将来[J].丝网印刷，2023（17）：28-30.

[20] 刘愿，丁肇辰，于晓洋.纺织品文物的数字化修复研究[J].艺术与设计（理论），2024，2（04）：96-99.

[21] 宋会宇.国内纺织品文物清洗研究进展[J].西部皮革，2021，43（21）：38-40+56.

[22] 孙芙蓉.馆藏金属类文物的修复和保护措施[J].中国民族博览，2023（13）：256-258.

[23] 谭相忍.陶瓷类文物保护与修复工作的研究[J].中国民族博览，2023（20）：217-219.

[24] 王婉钧.浅谈石质文物的保护[J].文物鉴定与鉴赏，2019（19）：116-117.

[25] 韦文恒.博物馆纺织品文物预防性保护措施分析[J].文化产业，2023（06）：114-116.

[26] 杨海亮，郑海玲，周旸，等.无损检测技术在纺织品文物保护中的应用[J].无损检测，2021，43（03）：10-16.

[27] 杨溯.试论博物馆文物陈列[J].徐州师范大学学报（哲学社会科学版），2008（02）：78-81.

[28] 元芳.对博物馆文物陈列的思考[J].文物鉴定与鉴赏，2019（17）：124-125.